協議会試験版

国家資格 キャリアコンサルタント論述試験に サクッと合格する本

キャリコンシーオー
津田 裕子／奥田 裕子

日本法令

は　し　が　き

　キャリアコンサルタントという仕事は、人の人生の大切な場面で支えになる素敵な仕事です。この道を選んだ皆様は、きっと人の成長や幸せを手伝いたい、世の中をもっと良くしたいという思いを持っているのでしょう。

　でも、そのための試験準備は大変ですよね。仕事や家庭のことをしながら勉強する時間を作るのは難しいし、たくさんのことを覚えて、それをうまく文章にするのも簡単ではありません。試験のことを考えると不安になることもあるでしょう。

　本書は、そんな皆様の努力に少しでも寄り添い、サポートさせていただきたいという思いから生まれました。単なる問題集ではなく、心の支えとなり、自信を育む伴走者でありたいと考えています。

　本書の模擬問題は、実際の試験を徹底的に分析し、最新の出題傾向を反映させたものです。また、それ以上に重要なのは、解答についての詳細な解説と、論述の問題に取り組む上での考え方に関する内容です。これらは、単に「正解」を示すだけでなく思考力を磨き、文章力を向上させ、スキルアップとなるよう心掛けました。

　試験勉強の過程で、ときに大変だなと感じることもあるかもしれません。そんなときこそ、なぜこの道を選んだのかを思い出してください。人々を支えたいという温かな思いを。その志こそが、自身を支え、前に進む原動力となるはずです。

　本書が、皆様の気持ちに寄り添い、目標達成への道筋を照らす一助となれば幸いです。皆様の努力が実を結び、キャリアコンサルタントとして輝かしい未来を切り開かれることを、心より望んでおります。

　最後に、皆様の合格を心から応援しています。

津田　裕子

目　次

第1章　論述試験について

1．論述試験の概要 ………………………………………………………… 6

2．実技試験合格率と論述試験平均点の推移 ……………………… 8

3．事例の種類 …………………………………………………………… 10

第2章　論述試験 解法のコツ

1．論述試験の設問構成 ………………………………………………… 14

2．解答にあたってのポイント ……………………………………… 16

（1）共通の注意点 ……………………………………………………… 16

（2）設問に取り組む前に …………………………………………… 17

（3）設問1について ………………………………………………… 17

（4）設問2について ………………………………………………… 19

（5）設問3について ………………………………………………… 22

（6）設問4について ………………………………………………… 24

第3章　模擬問題

◎ **解答例作成における補足事項** ··· 28

論述模擬問題 1 ［学生　就職活動の悩み］ ····························· 31

　◆解答のポイント ·· 34

　◆解答比較解説 ·· 34

論述模擬問題 2 ［学生　内定後の悩み］ ······························· 45

論述模擬問題 3 ［20代　異動後の悩み］ ······························· 51

論述模擬問題 4 ［20代　将来のキャリアへの不安］ ··············· 57

論述模擬問題 5 ［20代　働き方の選択の悩み］ ···················· 63

論述模擬問題 6 ［20代　キャリア選択の悩み］ ····················· 69

論述模擬問題 7 ［30代　異動に伴う悩み］ ··························· 75

論述模擬問題 8 ［30代　昇進に伴う悩み］ ··························· 81

論述模擬問題 9 ［30代　転職に伴う悩み］ ··························· 87

論述模擬問題10［40代　子育て後の再就職の悩み］ ··············· 93

論述模擬問題11［40代　正社員就職への悩み］ ···················· 99

論述模擬問題12［40代　介護と仕事の両立の悩み］ ·············· 105

論述模擬問題13［50代　働き方の変化への対応］ ················· 111

論述模擬問題14［50代　役割と影響力の低下の悩み］ ··········· 117

論述模擬問題15［50代　定年後の働き方の迷い］ ················· 123

※解答用紙は、キャリアコンサルティング協議会のホームページに掲載されている過去問題（論述試験）
　の解答用紙をご利用いただくことをお勧めします。
　https://www.career-shiken.org/about/learninfo/

第 1 章

論述試験について

1 論述試験の概要

　論述試験は、事例記録を読み、その内容を踏まえて設問に答えていくというものです。事例記録とは、逐語記録のような一言一句のやり取りを記録したものとは違い、面談の概要をその流れに沿ってまとめたものです。

　試験時間は50分間です。事例記録を読み、内容を理解して、設問に答えます。読んで、考えて、書くという一連の作業は、思いのほか時間がかかります。時間が足りないと感じる方も多くおり、タイムマネジメントも合格のための重要な要素になります。

　また、論述試験対策に取り組む際には、論述試験は「実技試験」だということを意識しておいていただきたいです。記述式の試験なので、学科試験の延長のように思われるかもしれませんが、学科試験のような知識を問うことを目的にした試験ではありません。

　実技試験ということは、面接試験同様、実際にキャリアコンサルティングを行うスキルがあるかが問われています。ただ、相談者が目の前にいませんので、相談者とのやり取りそのものというよりも、面談全体を俯瞰して捉えることに重点が置かれる点では面接試験とは少し異なります。

　つまり、実技試験は、相談者の問題とそれに対する支援の方向性について、

- 論述試験では、「どのように認識し、どのように計画したか」
- 面接試験では、「認識、計画したことを実際の行動にできるか」

という2段階で受験者のキャリアコンサルティングのスキルを評価しています（ですので、論述、面接双方の合計点で評価されます）。

　論述試験ではキャリアコンサルティング面談で行われた内容を的確に認識できること、そして、相談者に役立つ支援の計画書、設計図が描けることが求められています。

　その解答方法は、事例記録を読み込みながら相談者を、そして相談内容を理解した上で、相談者の問題、面談内のキャリアコンサルタントの関わりの意図、今後のコンサルティングの進め方について考えていくという作業になります。

【キャリアコンサルタント試験の内容】

試験区分		出題形式	問題数	試験時間	配点	合格基準
実技	論述試験	記述式（事例記録を読み、設問に解答する）	1ケース	50分	50点	150点満点で90点以上の得点 ※ただし、論述は配点の40%以上の得点、かつ面接は評価区分「態度」、「展開」、「自己評価」ごとに満点の40%以上の得点が必要
	面接試験	＜ロールプレイ＞ 受験者がキャリアコンサルタント役となり、キャリアコンサルティングを行う。 ロールプレイは実際のキャリアコンサルティング場面を想定して、面談開始からの15分間という設定で行います。 ロールプレイではキャリアコンサルタントとして相談者を尊重する態度や姿勢（身だしなみを含む）で、相談者との関係を築き、問題を捉え、面談を通じて相談者が自分に気づき、成長するような応答、プロセスを心がけてください。 ＜口頭試問＞ 自らのキャリアコンサルティングについて試験官からの質問に答える。	1ケース	20分 （ロールプレイ15分、口頭試問5分）	100点	
学科		筆記試験（四肢択一のマークシート方式による解答）	50問	100分	100点	100点満点（2点×50問）で70点以上の得点

7

実技試験合格率と論述試験平均点の推移

　続いて、論述試験の難易度を把握するために、実技試験の合格率と論述試験の平均点の推移を確認しておきましょう。現行の試験内容に変更された第15回以降の実技試験の合格率と論述試験の平均点をご紹介します。

　実技試験の合否は、論述試験と面接試験の合計点で判断されます。合格のためには、論述試験（50点満点）と面接試験（100点満点）の計150点満点中90点以上の得点が必要です。全体の6割以上ということになりますので、単純計算すれば論述であれば30点以上、面接では60点以上が必要ということになります。

　では、実際の試験結果はどうでしょうか。論述試験の平均点は30点以上、最近では32～33点で推移しています。一方、面接試験の平均点はぎりぎり60点、場合によっては60点を切ることがあります。これだけを見ると論述試験のほうが点数は取りやすそうです。合格を確実なものにするためには、論述試験で確実に30点以上、できればそれ以上の点数を取っておくことが必要です。論述試験に手ごたえがあると、その後の面接試験にも余裕をもって臨めます。

　特に面接に苦手意識のある方は、面接試験の得点を伸ばすための対策に取り組むとともに、面接試験の不得手をカバーする意味でも、少しでも論述試験で得点を伸ばしておくことをお勧めします。

第1章 ● 論述試験について

【実技試験合格率と論述試験平均点の推移】

	実技試験 合格率	論述試験平均点 （50点満点）	面接試験平均点 （100点満点）
15回	61.7%	31.2点	61.5点
16回	59.4%	30.6点	61.3点
17回	57.0%	30.3点	60.9点
18回	68.0%	32.5点	61.3点
19回	59.7%	30.9点	61.1点
20回	57.5%	30.7点	60.8点
21回	54.9%	30.3点	60.4点
22回	65.3%	33.1点	59.9点
23回	63.3%	32.0点	60.7点
24回	65.8%	32.6点	60.6点
25回	67.8%	33.1点	60.2点
26回	58.6%	31.5点	59.9点

※キャリアコンサルタント試験 試験結果（キャリアコンサルティンク協議会）より作成

3 事例の種類

　論述試験で出題されている相談事例についてご紹介します。どのような相談者のどのような相談内容が出題されたのか、相談者属性と相談概要をまとめてみました（現行の試験内容になった第15回以降のものを記載しています）。

　まずはこれらを眺めて出題のイメージを捉えてください。

　試験で出題された相談者の属性や抱えている悩みはさまざまです。働き方や働く環境が多様化するにつれて、相談者が抱える問題も多様化しています。今後の試験でも今までなじみのない、または聞いたこともないような相談者・相談内容が出題されることがあるかもしれません。ただ、そのような場合もキャリアコンサルタントとして行う支援の本質には変わりはありません。キャリアコンサルティングとは、またキャリアコンサルタントとは、どのようなことを行うのかを考え、落ち着いて対応していただきたいと思います。

第1章 ● 論述試験について

【主な相談内容】

相談者	相談内容
学　生	「進路の悩み」 ・10代 短大生 　　このまま保育士になるのはどうなのか ・20代 大学生 　　進学するつもりだったが、就職も気になる
社会人	「非正規・フリーランスの働き方の悩み」 ・20代 派遣社員 　　契約更新はないと言われた。早く次のところを見つけなければ ・20代 契約社員 　　業界全体が厳しい中、将来を考え安定した仕事についたほうがよいか ・40代 パート 　　今後の教育費のため正社員を目指したほうがと思うが、できるのか不安 ・30代 フリーランス 　　収入が減り、今後厳しいと感じる。また会社勤めに戻るか 「企業内での働き方の悩み」 ・20代 正社員 　　今の働き方では将来が不安。同期にも差をつけられショックで悔しい ・40代 正社員 　　今後もっと活躍してほしいと言われるが、今のままがよい ・40代 正社員 　　もう少し子供を見てあげたいが、今の会社では希望する働き方ができない ・40代 正社員(課長職) 　　中心メンバーの相次ぐ退職で大きな穴が空き、どうしたらよいか 「その他」 ・30代 専業主婦 　　不妊治療を始め、お金もかかるので働いたほうがよいか

第2章

論述試験 解法のコツ

論述試験の設問構成

　本章では、具体的な解答のポイントを見ていきましょう。まずは、設問を確認します。過去、第15回試験のときに出題形式の変更が行われ、直近は下記の形となっています。

設問1　事例記録の中の「相談の概要」【略A】の記載に相当する、相談者がこの面談で相談したいことは何か。事例記録を手掛かりに記述せよ。（10点）

設問2　事例記録の【下線B】について、この事例を担当したキャリアコンサルタントがどのような意図で応答したと考えるかを記述せよ。（10点）

設問3　あなたが考える相談者の問題（①）とその根拠（②）について、相談者の言動を通じて、具体的に記述せよ。（20点）　2×10点
　　　①問題
　　　②その根拠

設問4　設問3で答えた内容を踏まえ、今後あなたがこのケースを担当するとしたら、どのような方針でキャリアコンサルティングを進めていくか記述せよ。（10点）

　設問1は「相談者視点の問題」を、設問3は「キャリアコンサルタント視点の問題」を「根拠」も含めて記述します。つまり、設問1と3

14

は、併せて「相談者の問題は何か」を問う問題です。また、設問2ではキャリアコンサルタントの応答の「意図」について、そして、設問4では「今後の支援の方針」について問われています。受験者は事例記録を読み、これらの問題に答えていきます。

ここで、「論述試験は実技試験である」ということを思い出してください。論述試験の問題はシステマティックアプローチに基づくキャリアコンサルティングプロセスに則った構成になっています。これを図に示すと次の通りです。

【論述試験とキャリアコンサルティングプロセスの関係】

論述試験は、上図のようにキャリアコンサルティングのプロセスに則った問題構成になっており、特に「問題把握」と「目標・方策」を問う内容になっています。「基本的態度」や「関係構築」については主に面接試験のほうで確認します。もちろん、そうはいっても、論述試験に取り組む際にも「関係構築」を意識して臨むことは必要です。

解答にあたってのポイント

　ここからは、解答する上での具体的なポイントについて確認していきましょう。本節の内容を踏まえて、次章の模擬問題に取り組んでください。

（1）共通の注意点
　各設問に共通する解答の記述に関する注意点です。これらに気をつけると解答の不備による減点を避けることができます。

①　解答欄1行につき、40〜50文字程度記入する
　1行につき40〜50字書けると、解答として記述すべき内容を十分盛り込むことができます。

②　解答欄の行は、なるべくすべて使用する
　解答欄の行は、試験の作成者が「これくらいは書く内容があるだろう」と考えて設定したものです。用意された解答欄の行に空欄は残さず、すべて埋めるようにしましょう。

③　誤字・脱字に注意する
　キャリアコンサルティングで使用する重要単語は、普段から正確に覚え、正しく書けるように意識しましょう。また、試験本番でも、誤字・脱字がないか確認するために、試験時間の最後の5分程度は見直しの時間とすることをお勧めします。

第2章 ● 論述試験 解法のコツ

（２）設問に取り組む前に

　試験が始まるとすぐに事例記録の相談内容を読みたくなりますが、その前に確認しておきたいことがあります。

①　相談者情報を必ず確認する

　事例記録には相談者情報が記載されています。プロフィールだけから決めつけることはよくありませんが、相談者について知っておくことで事例の理解が深まることがあります。

　例えば、学生の事例の場合、相談の時期（何年生の何月か）は就職活動や進学のスケジュールと合わせて理解することがとても重要です。

②　設問を必ず確認する

　キャリアコンサルタント試験に限りませんが、試験ではまず「何が問われているのか」を確認してから解答に取り組みましょう。試験内容は第15回以降大きな変更はありませんが、いつ変更されるかはわかりません。まずは設問を確認して、何が問われているのかを認識してから、その問いに答えるために事例記録を読み進めましょう。

（３）設問１について

> 「事例記録の中の「相談の概要」【略A】の記載に相当する、相談者がこの面談で相談したいことは何か。事例記録を手掛かりに記述せよ。」
>
> （解答欄２行、配点10点）

　相談者がこの面談で相談したいこと、すなわち相談者視点の問題を問うています。ここで記述する内容は、相談者に対して「伝え返し」を行うイメージです。したがって、この解答を「あなたが相談したいことは、このようなことですよね」と相談者に伝えたときに「そうなんです」と言ってもらえる、すなわち、相談者が「わかってもらえた」と思えるような内容になっていることが大切です。

　ただし、解答欄は２行しかありません。限られたスペースでより適切

17

に解答するためには、記述する内容（言葉）をうまく取捨選択すること、特に「相談者が強く訴えていること」を汲み取っていくことが必要です。

設問1の解答ポイントは、以下の通りです。

① 相談者の訴えていることを要約するイメージで言葉をまとめる

相談者の訴えていること、全体をまとめることが必要ですので、話の序盤、中盤の変化、終盤での言葉をまとめます。

全体をうまくまとめきれないときは、まず事例記録の前半に注目します。なぜなら相談者は相談したいことがあり来談しているので、相談したいことの要点が面談の最初のほうに述べられていることが多いからです。ただ、面談の冒頭は相談者のこれまでの経緯を説明しているだけというケースもあります。その場合は、一通り経緯を話した後に相談したいことの要点が述べられていることがあります。

また、事例の前半であまり特筆すべきものがない場合には、次に終盤に注目します。終盤、特に事例記録の最後のほうは「…自分がこれから何をやりたくて、どうしていけばよいのかわからず悩んでいる。」といったように、相談者が悩みの要点を述べて事例記録が締めくくられているケースも多いです。

もちろん、例外もありますので全体に注意を払うことは必要です。

② なるべく本人が発している（と思われる）言葉を使う

相談者の訴えている問題なので、相談者の言葉を使って記述します。事例記録ですので逐語記録のような厳密性はありませんが、その中でも相談者が話していると思われる箇所から言葉を抜粋するようにすると、相談者の訴えていることをより的確に表現することにつながります。設問1は、受験者が自分の言葉でまとめてしまうよりも、相談者の言葉を抜粋して、それをもとに解答を作るほうが相談者にとって納得度の高い（「わかってもらえた」と思ってもらえる）解答になりやすいです。

18

第2章 ● 論述試験 解法のコツ

③ 相談者の「感情の言葉」や「特徴的な強い表現の言葉」を使う

　相談者の問題は、事柄よりも、それについての思いから生まれています。設問1に解答する際には、相談者が何についてどう思っているかを記述します。特に、相談者の「感情の言葉」や「特徴的な強い表現の言葉」がある場合は、それを使って記述すると相談者の気持ちを捉えた解答になります。

④ 相談者の気持ちを表す言葉は変えずにそのまま繰り返して転記（伝え返し）する

　相談者の言葉、特に相談者の気持ちが込められた言葉は、言い換えをすると意味が変わってしまうことがあります。辞書的には同じような意味でも、相談者にとっては別の意味になってしまう可能性もあります。そうなると、相談者からすると「ちょっと違うんだけどな」と違和感を覚えてしまう解答になりかねません。例えば、相談者が「困っている」と言っているのに、「迷っている」などと言い換えてしまうのはあまりよくないということです。

（4）設問2について

> 「事例記録の【下線B】について、この事例を担当したキャリアコンサルタントがどのような意図で応答したと考えるかを記述せよ。」
>
> （解答欄2行、配点10点）

　キャリアコンサルタントの応答には何かしらの意図が必要です。設問2はその意図を問う問題です。少し難しく感じる方もいるかもしれませんが、前掲の【論述試験とキャリアコンサルティングプロセスの関係】の図を見ていただくと、設問2は、「関係構築」と「問題把握」の間にまたがっています。このいずれか（もしくは両方）の意図で行われている応答であることが多いです。

　下線部の応答は、多くの場合「（相談者が先に述べた）発言の受け止め（伝え返し）」または「問いかけ（質問）」のいずれか、もしくは両方

19

です。それぞれに意図を読み取って記述する必要があります。

① 複数の意図が込められている場合がある

【下線B】には複数の意図が込められている場合があります。特に複数の文章にまたがって下線が引かれている場合は、それぞれに異なる意図がある場合があります。複数の意図が見られるときは、それぞれの意図を記述することが必要です。

具体的には、次の②、③の意図があることが多いです。

② 相談者の発言の受け止め（伝え返し）の場合

【下線B】の内容が、相談者が先に述べた言葉の受け止め（伝え返し）である場合は、大きく次の３つの可能性が考えられます。

まず、⑦相談者の気持ちを受け止めることやそれによる関係構築を意図していることがあります。

次に、⑦相談者がすでに述べた特定の言葉を伝え返すことで、相談者にさらなる内省を促している場合もあります。【下線B】の後、伝え返した言葉について、相談者がさらに深く考えている様子が見られるときは内省を促していると考えるとよいでしょう。

そして、⑦形式としては伝え返しだけれども、③の質問と同じような意図が込められている場合などがあります。

③ 相談者に問いかけを行っている場合

相談者に何か問いかけている場合は、何かを明確にしたい（明確化）、把握したい（問題把握）という意図があると考えられます。【下線B】の応答をした後に、相談者から何らかの反応（応答）が出てきます。【下線B】の後に続く相談者の語りを読んでください。相談者がそこで語っていること、キャリアコンサルタントはそれを引き出すために質問をしたと理解してください。この相談者の応答から何がわかるでしょうか。それが「応答をした意図」になります。

第2章 ● 論述試験 解法のコツ

　意図という言葉がイメージしづらい場合は、下記の例を参照してください。

> （例）CC：今まで通り働けないというのはどのようなことですか？
>
> ----------------
>
> CL1：業績が気になり、仕事に集中できず不安なのです。
>
> 　　（→CCの問いかけは、相談者の悩みをより明確にする意図があると考えられる）
>
> CL2：自分に他に何ができるかわからないのです。
>
> 　　（→CCの問いかけは、自己理解の程度を把握する意図があると考えられる）
>
> CL3：転職の仕方がわからず、どうすればいいのかわからないのです。
>
> 　　（→CCの問いかけは、仕事理解の程度を把握する意図があると考えられる）

　質問に対して相談者から返ってきた言葉から何がわかるでしょうか。そこにキャリアコンサルタントの質問の意図があります。

④　断定調で書かない

　設問2で解答欄に記述する「応答の意図」は、あくまで解答する受験者の「考え」であり、本当のところは本人（問題文中のキャリアコンサルタント）に聞いてみないとわかりません。ですので、文末は「〜と考えられる」、「〜と思われる」のように、断定しない表現のほうが適切だと考えられます。

21

（５）設問３について

「あなたが考える相談者の問題（①）とその根拠（②）について、相談者の言動を通じて、具体的に記述せよ。」

（解答欄①２行・②３行、配点20点（各10点×２））

　キャリアコンサルタント視点の問題把握に関する設問です。「見立て」、「本質的な問題」ともいわれます。相談者は設問１の問題を訴えていますが、「なぜそのような問題を抱えてしまっているのか」、「なぜ問題解決ができないのか」を考えます。プロのキャリアコンサルタントとして、問題を捉えていきます。

　ただし、キャリアコンサルタントの決めつけや思い込みとなってしまう可能性もあるので、根拠を提示する必要があります。

①　設問３の考え方

　設問３はあなた（受験者）が考える相談者の問題（①）と、その根拠（②）の２段階で解答する必要があります。つまり、下記のような感じです。

あなたが考える相談者の問題（①）
　　　⇒まず相談者の問題（何が問題か）を記述する。

その根拠（②）
　　　⇒次に、①の根拠を相談者の言動をもとに（抜粋して）記述する。

（解答例）
①　～ということから、○○が問題。（※問題は複数ある場合もあります）
②　●「…」という発言から～～の可能性がある。
　　●「…」という発言から～～と考えられる。

第2章 ● 論述試験 解法のコツ

② 問題把握のポイント

キャリアコンサルタントとしての問題把握には、さまざまな切り口があります。問題を把握しようとするときに下記のような視点を持っておくと役立ちます（決して「当てはめる」ということではないので注意してください）。また、ここは専門家としての見解なので、専門用語を適切に使うことも必要です。誤字等にも気をつけましょう。

【問題を捉える視点】
- 自己理解の問題はないか
- 仕事理解の問題はないか
- 中長期的なプランの点で問題はないか
- コミュニケーションの問題はないか
- 自己効力感で問題はないか
- 捉え方や解釈で問題はないか
- 行動の点で問題はないか
- 周囲との関係性に問題はないか
- 正しい情報、確認の点などで問題はないか　など

また、問題は具体的に捉えることが必要です。例えば、「自己理解不足」だけでは不十分です。自己理解不足といってもいろいろとあります。自己の何（例：興味、能力、価値観）についての理解が不足しているのかまで捉えることが必要です。さらに、抽象的な記述だと誰にでも当てはまるような問題だとみなされ、点数につながりにくいです。「この相談者の問題」として、事例に即して具体的に捉えることができると得点につながります。

③ 根拠の捉え方

キャリアコンサルタント視点の問題は、具体的な根拠を持って捉えることが必要です。根拠とは、相談者の言動です。「②その根拠」には、事例記録内の相談者の言動を抜粋して記述します。

23

（記入例）
- 「……」という発言から〜
- ○○していることから〜

　根拠を示す際には「問題」と「根拠」との間に整合性があるかも確認してください。また、問題が複数ある場合には、それぞれについて根拠を提示する必要があります。

　なお、見立てはあくまで仮説なので、根拠の確かさと断定の程度に気をつけます。根拠の確かさの程度にもよりますが、「〜と考えられる」、「〜と思われる」など、あくまで仮説であることを踏まえた表現のほうがよいでしょう。

（6）設問4について

「設問3で答えた内容を踏まえ、今後あなたがこのケースを担当するとしたら、どのような方針でキャリアコンサルティングを進めていくか記述せよ。」
（解答欄6行、配点10点）

　事例の内容、そして、設問3までの内容を踏まえて今後の支援方針を問う設問です。自分だったらこの相談者をどのように支援していくかを記述します。

①　実際の面談プロセスに沿って記載する

　関係構築に始まり、支援プロセスを時系列で書いていきます。つまり、「まず、①〜を行う、次に、②〜を行う、そして、③〜を行う…」というように実際の面談のプロセスに沿って記述していきます。

　まずは、関係構築（維持）に関する記述から始めます。論述試験では関係構築について確認はできませんが、やはりキャリアコンサルタントとしては相談者との関係構築を意識している姿勢を見せたいものです。そして、その後は面談の中で取り組むことを順番に記述して、最終的に

第2章 ● 論述試験 解法のコツ

は相談者の問題が解決する、というような構造です。

　なお、順番について1つ注意点があります。キャリア形成上の問題に取り組む際は、順番が大事です。ここでキャリアガイダンスの6ステップを思い出してください。自己理解→仕事理解→自己啓発→意思決定→方策の実行→仕事への適応、の順番でしたね。これらの支援が必要な場合はこの順番に則って進めます。

　例えば「自己理解」と「仕事理解」の支援が必要な場合、「自己理解」支援の前に「仕事理解」の支援は行いません。キャリアガイダンスの6ステップの順番通り、「自己理解」に取り組んでから、「仕事理解」へ…という順番で進めていきます。

② 設問3と関連することを書く

　設問3は相談者の訴える問題の原因、もしくは相談者の問題解決を妨げている原因でしたね。設問3で挙げた問題を解決していくことが、相談者の訴える問題（設問1）を解決するプロセスになります。そのため、この設問4は、設問3で挙げた問題を1つずつ解決していくプロセスが主になります。設問3の問題は、この設問4ですべて解決される必要があります。そうしないと相談者の訴える問題が解決しないからです。

　逆に、設問3に取り上げていないことは基本的には設問4にも記述しません。もし記述が必要であるならば、設問3にもその問題を記述しなければなりません。ただ、設問3で取り上げた問題の対処をした上で、それらに加え、追加的、補足的に取り組むとよいかと思われること、もしくは設問3で取り上げた問題に対処した結果によっては追加で取り組む必要が出てくることであれば、「必要に応じて～」などあくまで追加的、補足的なものであるとわかる文言を足して記述します。

③ 正確な知識をもとに具体的に書く

　設問4はキャリアコンサルティングのプロセスの「方策」にあたる部

25

分でもあります。方策に関する正確な理解が求められています。例えば、「アセスメントを行う」では不十分です。アセスメントの名称についてはもちろん、その使用目的（何を測るためのアセスメントか）、使用対象（この相談者に使用することは適切か）などを理解した上で正確なことを書かなければなりません。あいまいな知識で間違ったことを記載しても点数にはつながりません。

また、設問3と同様、抽象的な記述だと誰にでも当てはまるものだとみなされ点数につながりにくいです。相談者、もしくは相談者の問題に合わせて具体的に記述することで得点につながります。

④ 相談者の主体性を尊重する

設問4はキャリアコンサルタントが考える支援方針ですが、実際に取り組むのは相談者であることが多いです。また、キャリアコンサルティングは相談者のために行うことです。そのため、相談者の主体性を尊重することが大切です。キャリアコンサルタントがいくら相談者のためになりそうだと思ったとしても、相談者が嫌がりそうなことは書きません。相談者が「はい」と肯定的に言ってくれるような内容であることが必要です。

第3章は模擬問題です。15題のオリジナル論述模擬問題と解答例をご用意しています。

先の章でご紹介した解答上のポイントなどを活用しながら、問題に取り組んでいきましょう。解き進めていく中で、論述試験への理解が深まり、自分なりの解答方法やペース配分などが身についてくるかと思います。普段手書きに慣れていないという方も多いと思いますが、解答用紙には手書きで記入します。模擬問題に取り組む中で手書きにも慣れていっていただければと思います。

第3章

模擬問題

※解答用紙は、キャリアコンサルティング協議会のホームページに掲載されている過去問題（論述試験）の解答用紙をご利用いただくことをお勧めします。 https://www.career-shiken.org/about/learninfo/

◎解答例作成における補足事項

　各模擬問題の後に掲載している解答例は以下のような方針で作成したものです。解答例をご覧になる際の参考にしてください。

《解答全般について》

　解答例は実際に解答用紙に記入した上で作成しています。文字数が多いように見えますが、いずれも解答欄に収まるように作成しています。なお、実物の解答用紙はA4判の大きさです。

《設問1について》

　設問1はなるべく相談者の言葉を使って作成しています。自分（受験者）の言葉を使えば（言い換えれば）より端的に記述できる部分もありますが、できる限り相談者の言葉に忠実に書き記すようにしています。

　「相談者の言葉を抜き出して、まとめる」というイメージです。相談者の言葉を大切に扱う意味でもそのようにしています。

《設問2について》

　下線Bの前後を読んで、応答の意味を考えています。特に相談者から返ってきた言葉が何を意味しているのかを考えて記述します。ただし、当の応答をしたキャリアコンサルタント本人ではないので、深読みしすぎないようにしています。

《設問3について》

　相談者の問題点は挙げようと思えば多々あるのでしょうが、「どこを支援したら問題解決につながるか」を考え、問題点をピックアップして

います。相談者の言動に根拠を求めるとともに、「根拠〜問題〜設問4」の整合性を意識しています。

　また、解答にあたっては、①問題にはただ問題点を列挙するだけではなく、「だから（その問題点があることで）、どうなっている（なっていない）ことが問題」であるのかまで考えて書くようにしています。

《設問4について》

　面談の流れに則って書くとともに、序盤は関係構築、中盤は具体的な支援内容、特に設問3との整合性を意識しています。そして、最後には、面談のゴール、解決像を描きます。解決像は基本的に設問1で相談者が訴えていることが解決した状態ですが、事例によっては、それがそのまま「解決」であるとは限らないので、そのようなケースでは表現を変えています。

> （例）模擬問題13
> 　設問1「どのようにこの変化を受け入れていけばよいのか…」
> 　設問4「変化にどう対応していくのか…」
>
> ⇒相談者は「受け入れて…」と言っていますが、面談の展開によっては、変化を「受け入れない」という選択肢もありうると考え、設問4の解答では「受け入れて…」を「対応して…」に変えています。

　また、方策については、解答例として作成していることも踏まえ、ジョブ・カードの作成等のオーソドックスなものを挙げていますが、実際にはさまざまな支援策があります。皆さんが解答を作成する際にはバリエーションを広く持っていただけるとよいと思います。

　なお、模擬問題1については、改善が必要な解答例を挙げて、少し詳しく解答の比較解説をしていますので、模擬問題2以降のご自身の解答をチェックする際の参考としてください。

論述模擬問題 1

[学生　就職活動の悩み]

問題　次の【事例記録】を読み、以下の設問に答えなさい。解答は解答用紙の設問ごとに記述すること。

【事例記録】
＊キャリアコンサルタントが今後の研鑽に生かすための、作成途中の事例記録

相談者情報：
Zさん、女性、21歳 略歴：四年制大学（経済学部）３年生　現在実家を離れ一人暮らし 家族構成：父54歳、母50歳
面接日時：2024年11月上旬　本人の希望で来談（初回面談）
相談の概要： <div align="center">【略A】</div>

相談者の話した内容
カッコ内はキャリアコンサルタントの発言

　高校卒業後の進路を決めるとき、一度実家から離れて生活をしていくことに憧れもあって県外の大学に進学を決めた。経済学部を選んだのは合格したからだった。
（一人暮らしを経験したかったので県外の大学を選ばれたんですね）
　両親からは大学生活の４年間のみ親元を離れて学ぶことを許され、卒業後は地元の金融機関か公務員の仕事に就いて、必ず地元に戻って就職することを約束させられた。
　その時は実家を出て都会の生活への憧れが強かったことと、一人娘でもあるから将来的には両親の近くで生活しないといけないとの思いもあり約束を受け入れた。
　今でも地元に戻ることは嫌ではないが、もう少し今の環境で生活していきたいと思うし、そもそも金融機関や公務員の仕事が自分に向いているかもわからない。周りの友人たちは就職活動を順調に進めていて、インターンシップにも積極的に参加している様子を聞くと焦る気持ちも募る。結局インターンシップに参加しないまま今に至っている。
<u>（周りの友人の方々は参加されているインターンシップに参加されなかったのは、理由がありますか？）</u>【下線B】

（中略）

　地元の公務員試験は受験する予定ではあるが、公務員試験の準備と民間企業の就活とを並行していかないといけないと思うと自分にできるのかどうか、またこんな調子で就職できるのかどうか不安な気持ちでいっぱいになる。

（就職活動のことを考えるとたいへんそうで不安な気持ちになるのですね）

　そもそも民間企業の就職活動もどのように進めたらよいのかわからないし、地元に戻るといった親の期待を裏切ることはできない気持ちも強く、どうしたらよいかわからない。

（ご両親は地元に戻って就職されると思っておられ、その期待を裏切ることができないと考えておられるのですね）

　一人暮らしの大学生活を支えてくれた両親に対する感謝の気持ちもあり期待を裏切りたくない気持ちがあるが…どうしていけばよいのかわからない。

（以下略）

所感（キャリアコンサルタントの見立てと今後の方針）

・【下線B】を応答した意図は、（以下略）

（以下略）

【設問】

※注意事項：解答は全て解答用紙の行内に記入すること。裏面等に記入したものは採点されません。

設問1　事例記録の中の「相談の概要」【略A】の記載に相当する、相談者がこの面談で相談したいことは何か。事例記録を手掛かりに記述せよ。（10点）

設問2　事例記録の【下線B】について、この事例を担当したキャリアコンサルタントがどのような意図で応答したと考えるかを記述せよ。（10点）

設問3　あなたが考える相談者の問題（①）とその根拠（②）について、相談者の言動を通じて、具体的に記述せよ。（20点）　2×10点
　　　　①問題
　　　　②その根拠

設問4　設問3で答えた内容を踏まえ、今後あなたがこのケースを担当するとしたら、どのような方針でキャリアコンサルティングを進めていくか記述せよ。（10点）

◆解答のポイント

　論述試験では、しばしば出題される学生のケースです。

　相談者が学生の場合、まずは、プロフィールと面接日時を確認し、「何年生」の「いつ頃」の相談なのかを確認します。学生のケースは、就職活動や試験（公務員試験、大学院入試等）のスケジュールとの関係を把握しておくことが重要です。例えば、今回は3年生の11月ですが、これが4年生の11月、もしくは、2年生の11月だったとしたら相談者の気持ちも、今からできること（やるべきこと）なども変わってくる可能性があります。この点をより理解するためには、あらかじめ標準的な就職活動や各種試験の大まかなスケジュールは押さえておくとよいでしょう（面接試験対策にもなります）。

　また、学部や学科・専攻、家族構成なども相談内容に関わってくることがあるので、事前にチェックしてから事例記録を読み進めましょう。

◆解答比較解説

　それでは、先ほどの問題の解答例を見ていきましょう。

　ここでは「参考解答例」（論述試験合格のために必要と考えられるポイントを押さえた解答例）と「改善が必要な解答例」を併せて掲載しています。どこがどう異なっているのかを確認してください。特に「改善が必要な解答例」は何を改善するべきか、解説も含めてご覧いただくことで、これからの解答作成の参考になると思います。ご自身の解答も横に置きながら見ていただくと、より学びが深まるかと思います。

　なお、「参考解答例」はこれが唯一の正解というものではなく、あくまで解答「例」です。今後ご自身がどのように考えていけばよいかの参考として活用していただきたいと思います。

第3章 ● 模擬試験

【設問1】事例記録の中の「相談の概要」【略A】の記載に相当する、相談者がこの面談で相談したいことは何か。事例記録を手掛かりに記述せよ。

《改善が必要な解答例》

例1：自己理解と仕事理解の不足から、就職活動をどうしたらよいかわからなくなっている。

⇒相談者視点とキャリアコンサルタント視点が混在している例。

「自己理解の不足」も「仕事理解の不足」もキャリアコンサルタントの見立てであり、相談者本人が訴えていることではありません。ここでは相談者自身が訴えている問題を書きます。

例2：両親からの抑圧によって、これからの就職活動の方向性を見失っている。

⇒相談者の言葉を無意識に言い換えて、相談者の思いとズレてしまっている例。

上記の「抑圧」も「方向性を見失っている」も、事例記録を読むとそれらしく（相談者もそう思っているように）思えなくもないのですが、これらの言葉にはキャリアコンサルタントの解釈が入っています。特に両親に関しては、相談者に対して影響を与えているようですが、相談者には「感謝」や「期待を裏切りたくない」という気持ちもあり、「抑圧」とは少し違うようです。

似たような言葉でも言葉が異なれば相談者にとっては違う意味になることがあります。特に気持ちを表す言葉は、言い換えると相談者にとっては意味が変わってしまうことが多いです。相談者自身の気持ちをより忠実に表現するためには、実際に相談者が言った言葉をそのまま使います。特に気持ちを表現する言葉につ

35

いては、事例記録の相談者の言葉をそのまま引用するイメージで解答を作成します。

例3：今大学3年生で、実家を離れ県外に進学し、大学生活を送っている。親とは卒業後は地元に戻り金融機関か公務員の仕事に就く約束をしている。インターンシップには行けなかった。地元の公務員試験は受験する予定である。

⇒出来事（事柄）の列挙に留まっている（気持ちを含めた「問題」の記述ができていない）例。

これも一見したところ相談者の訴えを丁寧にまとめているように見えます。ただ、これは「問題」ではなく、「出来事」を列挙しているだけです。「問題」を記述するには、「どんなことがあった（出来事）」かだけでなく、「それに対してどう思った（気持ち）」かを併せて記述することが必要です。

《参考解答例》

相談者は、親の期待を裏切りたくない気持ちはあるが、地元の金融機関や公務員が向いているかわからない。一方、もう少し今の環境で生活したいとも思うが、民間企業の就職活動方法もわからず、どうしていけばよいかわからないこと。

【設問2】事例記録の【下線B】について、この事例を担当したキャリアコンサルタントがどのような意図で応答したと考えるかを記述せよ。

《改善が必要な解答例》

例1：周りの友人はインターンシップに参加しているのに、どうして

36

相談者は参加しなかったのか理由を尋ねている。

⇒【下線B】の応答をそのまま繰り返しているだけの例。

　【設問2】は、どうしてキャリアコンサルタントがそのような応答をしたのかを考える問題です。

例2：インターンシップの意義を理解できていないことに気づきを促し、今からでも参加を促すことを意図した応答。

⇒解答者の主観による解答の例。

　たしかに相談者がインターンシップの意義を理解していない可能性はあります。ただ、【下線B】以下の文章を読んでもインターンシップそのものに関する記述はありません。応答に対する反応（【下線B】に続く応答）を導き出すことが「意図」であると考えれば、上記の解答は解答者の主観であり、「意図」に即した解答にはなっていません。

《参考解答例》

　インターンシップに参加しなかった背景に焦点を当てることで、相談者の就職活動に対する思いや気がかりを明確化し、相談者が抱えている問題を把握しようとする意図があると考えられる。

【設問3】あなたが考える相談者の問題（①）とその根拠（②）について、相談者の言動を通じて、具体的に記述せよ。

《改善が必要な解答例》

①あなたが考える相談者の問題

例1：仕事理解不足、自己理解不足、コミュニケーション不足

⇒具体性がなく問題点を列挙しただけの例。

　　たしかに、この相談者にはこれらの問題がありそうです。ただ、この記述だけ見ても、具体性がないので何のことだかわかりません。また、他の問題（相談者）でもそのまま使えそうです。このようにどのケースでもそのまま当てはまるような解答は点数が伸びにくいです。場合によっては、採点者に「あらかじめ考えていた文言をただ当てはめただけだな」と捉えられかねません。これだと点数は伸びにくいです。

　　受験者から「論述の解答がどのケースでも同じようになってしまう」というお悩みをうかがうことがあります。たしかに、論述試験の事例記録は情報量が少ないため、ともすると、相談者の設定が違っても似たり寄ったりの解答になってしまいがちです。ただ、その中でもできる限り「この相談者」の特徴を捉えた「この相談者ならでは」の問題把握と解答記述に努めることが得点につなげるコツです。

　　例えば、「自己理解不足」、「仕事理解不足」などのよくある問題を挙げる際にも、その内容をより具体的に書くこと（例えば、「自己」の「何」について理解が不足しているのか、など）、そして、事例記録にある相談者の具体的な言動を根拠として記述することが必要です。または、これらの問題があることで、相談者にどのような問題が起こっているのか、さらに一歩深く考えてみましょう。そうすることで、より「この相談者ならでは」の解答につながっていきます。

例2：自分がこれからどうしていけばよいのかわからないことが問題。

⇒相談者視点の問題と混同している例。

　　これは、相談者自身が訴えている問題です。【設問3】は相談者が気づいていない、キャリアコンサルタントとして捉えた本質

第 3 章 ● 模擬試験

的な問題を記述します。どうして相談者が「自分がこれからどうしていけばよいのかわからない」状態になっているのか、そこを考えていく必要があります。

例3 ：親が過干渉で子供の就職に介入することで自立を妨げていることが問題。

⇒解決できない（指摘しても効果がない）ことを挙げている例。
　　もしかしたらそのような側面もあるかもしれません。ただ、仮にそうだったとしても、それは相談者本人の問題ではないので、キャリアコンサルタントとしてはどうしようもありません。この【設問3】では相談者が今これから、自分の力で解決していけることを取り上げるほうが効果的です。

例4 ：コミュニケーション不足（相談していない）

⇒表面的な問題を上げている例。
　　事例に第三者が出てくると、必ず「コミュニケーション不足」と解答するケースを見かけますが、その相手とどのようなコミュニケーションを取っている（取っていない）のかわからない場合にまで「コミュニケーション不足」と書くのは憶測の域を出ません。漠然と「コミュニケーション不足」と書くのではなく、それも事例記録の内容から「誰」と「何」についてコミュニケーションが足りていないのかを書く必要があります。
　　また、仮に誰かとコミュニケーションを取っていなくても、それが問題であるとは限りません。問題解決と関係なければ、コミュニケーションを取っても取らなくてもここでの問題にはなりません。コミュニケーションに問題がある場合も、「コミュニケーション不足」、つまりコミュニケーションを取らないこと自体が問題ではない場合があります。例えば、「コミュニケーショ

ン能力」が問題の場合もあります。ほかにもコミュニケーションを取らない理由に「取っても仕方がない」との決めつけがあるのであれば、その決めつけのほうが問題として挙げるべき点かもしれません。事例を読み込んで、より事例の内容に即した解答にしていくことが必要です。

②その根拠

例1 ：「学生自体のアルバイト経験を就職活動に活かせていないことから…」

⇒解答者の思い込みで根拠を挙げている例。
　これは「学生ならきっとアルバイトをしているだろう」との推測（思い込み）で根拠を書いています。ただ、この事例記録からは相談者がアルバイトをしているかどうかわかりません。「〜なら、きっと○○している（していない）だろう」といった推測ではなく、事例記録中から判断できる相談者の言動を根拠に上げることが必要です。

例2 ：「両親とのコミュニケーションが取れていないことから…（自己理解不足）」

⇒問題と根拠に整合性がない例。
　根拠は示すだけでなく、問題と整合性があることが重要です。見方によっては根拠になり得る相談者の言動も中にはありますが、あきらかに整合性がないものは根拠として不適切である、または問題の捉え方が不適切であるとして点数につながりにくいので注意が必要です。

例3 ：「…」、「…」、「…」、「…」（複数の問題を挙げているのに、根拠はただ相談者の言動を列挙するのみ）

40

第3章 ● 模擬試験

⇒問題と根拠の関係性が不明な例。

　相談者の言動を列挙するのみで、具体的にどの言動がどの問題の根拠かわからない例です。このままではせっかくいろいろと挙げても、点数にはつながりにくいです。複数の問題があるのであれば、根拠としてどの言動がどの問題と符合しているのかを示す必要があります。

《参考解答例》

①問題

　親の期待と自身の希望の葛藤を抱え、また、進路選択にあたって必要な自身の適性等の理解、就職先の選択肢の検討や活動方法の理解等が不十分なことから就職活動も進まず、どうしていいかわからなくなっていることが問題。

②根拠

　1.「期待を裏切りたくない」一方で、「今の環境で生活していきたい」等、親の期待と自身の希望の間に葛藤が見られる。2.「自分に向いているかもわからない」等の発言から自身の適性や興味・関心等で自己理解の不足が見られる。3.就職先が「金融」、「公務員」、「民間」だけで具体性もない、活動方法もよくわかっておらず仕事理解と情報の不足を感じる。

【設問4】設問3で答えた内容を踏まえ、今後あなたがこのケースを担当するとしたら、どのような方針でキャリアコンサルティングを進めていくか記述せよ。

《改善が必要な解答例》

例1：アセスメントを行う。

⇒内容に具体性が乏しい例。

　「何のために、何をするのか」を、できる限り具体的に記述する必要があります。例えば、上記のようにアセスメントを使うのならば、何を知るために、どのアセスメントを使うのかまで、具体的に記述する必要があります。

例2：相談者の能力不足を補うために、○○のトレーニングを行う。

⇒内容に一貫性がない例。

　【設問3】の内容、つまりキャリアコンサルタント視点の問題とは関連性のない方策を行っています。不必要なことは基本的には書きません。本当にこの方策が必要であれば、【設問3】でも「能力不足」の問題について言及しておくことが必要です。

　一方で、【設問3】で指摘した問題について言及、解決がなされていないのも問題です。【設問3】で指摘した問題があるからこそ、相談者は問題を抱えている、もしくは抱えている問題を解決できずにいるわけです。【設問3】に挙げた問題はきちんと解決しておく必要がありますね。

例3：相談者が民間企業に就職できるよう支援する。

⇒問題解決の方向性をキャリアコンサルタントが決めつけてしまっている例。

　事例記録を読む限りでは、今の段階で相談者が民間企業に就職したいと思っているかどうかはわかりません。キャリアコンサルタントが問題解決の方向性を決めつけています。

　相談者はまだ迷っている段階なので、「民間企業に」と方向性を決めつけても受け入れられにくいです。どうするかを決めるのは相談者です。キャリアコンサルタントとしては、相談者が自分

で自分の進む道を決められるように支援することが必要です。

《参考解答例》

　1．どうしていけばよいのかという相談者の気持ちに寄り添いラポールを築く。2．「期待を裏切りたくない」気持ちや「今の環境での生活を続けたい」気持ちを傾聴し、内省を促す。思い込みなどあれば修正を促しながら相談者自身がどうしたいのかを考えていく。3．自己理解のため学生用ジョブ・カードを使い（本人同意の上）、相談者の興味、能力、価値観等の明確化を図るとともに、今後のキャリアプランについても考えてもらう。4．仕事理解のためjob tag等を活用しながら、就職先のさまざまな選択肢を検討し、具体的な仕事内容等の理解や就職活動についての情報収集を促す。5．これらにより相談者が進路について自律的に意思決定し、その実現に向け行動できるよう支援する。

＊＊＊＊＊＊＊＊＊＊＊＊＊＊＊＊＊＊＊＊＊＊

　以上、論述試験における、よくある改善が必要な解答例と参考解答例をご紹介しました。これらの内容を参考にしていただき、模擬問題2以降に取り組んでいきましょう。どの問題から取り組んでいただいても結構です。興味のあるものから取り組んでください。ご自身で問題を解いてから解答例と見比べてみることを繰り返すことで、解答のコツがつかめてくると思います。

論述模擬問題 2

[学生　内定後の悩み]

問題　次の【事例記録】を読み、以下の設問に答えなさい。解答は解答用紙の
　　　設問ごとに記述すること。

【事例記録】
＊キャリアコンサルタントが今後の研鑽に生かすための、作成途中の事例記録

相談者情報：
Sさん、男性、22歳
略歴：四年制大学（商学部）4年生　春に保険会社から内定を得たが、就職活動継続中
家族構成：父52歳、母52歳、弟20歳

面接日時：2024年11月中旬　本人の希望で来談（初回面談）

相談の概要：
【略A】

相談者の話した内容
カッコ内はキャリアコンサルタントの発言

　中学、高校、大学と私立の一貫校に在籍。就職活動は意識的に大学3年生の早い時期から始めた。安定している企業での就職を希望していたため、大手企業を中心に活動を進めた。なかなかうまくいかず、やっと保険会社で内定を得ることができた。しかし、先輩から「保険会社の営業は厳しい。ノルマもあるし積極的に勧誘していく姿勢が求められる」という話を聞いた。自分はそんなに積極的に人と関われる自信もなく、保険商品を営業することなんてできる気がしない。保険会社の仕事は自分には向いていないと思うようになった。
　両親は大手保険会社に内定したことを喜んでくれているが、自分としてはもっと自分にできそうな仕事で就職を考えたほうがよいのではと思うようになってきた。
(先輩の話を伺ったことがきっかけで、保険会社の就職を悩まれているのでしょうか？)【下線B】

(中略)

　内定後は保険会社以外で就職活動を継続してきたが、なかなか内定が取れず、親からの勧めもあり10月に行われた内定先の内定者説明会には参加はした。しかし、やはりその会社での就職は気が進まない。就活を継続してはいるが、大手企業はほぼ決まっているようで、今の時期からは応募すら難しいと感じている。それならば無理して就職せずに大学院に進学して再度就職のチャンスを得るようにするか、安定性を考えて公務員の受験対策をやってい

46

第 3 章 ● 模擬試験

る専門学校に入学して公務員試験を受験していくほうがよいのではと悩みだ
した。
(このまま内定先に就職するのか、就職せずに大学院進学か、公務員専門学
校に進学するかと悩んでおられるのですね。ご両親にはお話しされました
か？)
　一度話してみたところ母親から猛反対され、それから話はしていない。
(お母様からは反対されてしまって、それからは相談されていないのでしょ
うか？同級生や友人とはいかがですか？)
　同級生や友人はほとんど就職先が決まっていて、悩んでいるのは自分だけ
のように感じるので相談していない、キャリアセンターにも一度相談に行っ
たが、そこでもそのまま内定先に就職することを勧められている感じがした
のでそれ以来足を運んでいない。

(以下略)

所感（キャリアコンサルタントの見立てと今後の方針）
・【下線B】を応答した意図は、（以下略）

(以下略)

【設問】

※注意事項：解答は全て解答用紙の行内に記入すること。裏面等に記入したも
　のは採点されません。

設問1　事例記録の中の「相談の概要」【略A】の記載に相当する、相談者が
　　　　この面談で相談したいことは何か。事例記録を手掛かりに記述せよ。
　　　　（10点）

設問2　事例記録の【下線B】について、この事例を担当したキャリアコンサ
　　　　ルタントがどのような意図で応答したと考えるかを記述せよ。（10点）

設問3　あなたが考える相談者の問題（①）とその根拠（②）について、相談
　　　　者の言動を通じて、具体的に記述せよ。（20点）　2×10点
　　　　①問題
　　　　②その根拠

設問4　設問3で答えた内容を踏まえ、今後あなたがこのケースを担当すると
　　　　したら、どのような方針でキャリアコンサルティングを進めていくか
　　　　記述せよ。（10点）

47

《解答例》

設問 1

　相談者は安定した企業での就職を希望し、保険会社で内定を得たが、先輩の話から保険会社の仕事は向いていないと思うようになった。就職活動を継続してきたが難しいと感じて、大学院進学や公務員も考えたほうがよいのではと悩みだしていること。

設問 2

　相談者が保険会社への就職に悩むきっかけを確認し、そこから相談者が就職（活動）についてどのように考え、行動しているのか、相談者の置かれている状況と抱えている問題を明確化しようとする意図があると考える。

設問 3

①問題

　キャリアビジョンが不明確なまま、就職自体が目的となっていること、自己の適性や仕事内容などの理解の不足から保険会社の仕事が合わないと考えるが代替案の検討も不十分であることから、方向性が見えず悩んでいることが問題。

②その根拠

　1．保険会社を選んだ理由は「安定」で、その後先輩の話だけから「向いていない」と考えるなど自身の興味、能力、価値観など自己理解不足が見られる。2．保険会社の仕事＝「営業」、代替案も「大学院」、「公務員」と情報が限定的かつ具体性がなく、仕事理解の不足を感じる。3．「安定した企業での就職」と就職自体が目的となっており、就職後どのように働いていきたいかキャリアビジョンが不明確。

第3章 ● 模擬試験

設問4

　1．相談者の悩む気持ちを受容、共感的に受け止め、信頼関係を深める。2．自己理解のため、学生用ジョブ・カードを用い（本人同意の上）、興味、能力、価値観等の明確化を促す。「安定」を求める気持ちについても内省を促すことで、仕事選びの軸の明確化を促す。3．仕事理解のため内定先の人事担当者等に実際の業務内容を確認し、保険会社の仕事が本当に合わないのかを一緒に検討する。必要に応じて内定先以外の選択肢についても情報収集し検討を促す。4．これらを踏まえて目先の就職だけでなく、就職した後どのように働いていきたいかキャリアビジョンを明確にし、その実現のためにこれからどうしていくか主体的に意思決定できるようサポートする。

ワンポイントアドバイス

　学生のケースで多い、就職活動に関する悩みです。特に論述問題では、内定を得ること、就職すること自体が目的になっているケースが多いです。また、「どこに」（例：「安定した企業」）就職したいかという希望はあっても、そこで「何を」したいかまで考えられていないようなケースも多いです。キャリアコンサルタントとしては、そのような相談者の気持ちも否定せず、まずは尊重して関わっていく必要があります。

　例えば、今回のケースでいうと、「安定」を望むのも相談者の気持ちです。そこにどのような想いがあるのかには関わっていく必要があります。その上で、内定を得て就職をすることがゴールではなく、その後どのように働いていきたいのかも見据えた上で、相談者が進路選択できるよう支援したいものです。

論述模擬問題 3
［20代　異動後の悩み］

問題　次の【事例記録】を読み、以下の設問に答えなさい。解答は解答用紙の
　　　設問ごとに記述すること。

【事例記録】
＊キャリアコンサルタントが今後の研鑽に生かすための、作成途中の事例記録

相談者情報：

Aさん、女性、25歳

略歴：四年制大学を卒業後、金融機関に就職して3年目

家族構成：父52歳、母52歳、姉26歳

面接日時：2024年12月上旬　本人の希望で来談（初回面談）

相談の概要：

【略A】

相談者の話した内容
カッコ内はキャリアコンサルタントの発言

　大学卒業後、第一希望であった地元の金融機関に総合職として就職して3
年目。就職した初めのころは支店の内部業務担当だった。窓口、後方事務、
出納業務等を経験した。仕事を覚えるのは大変だったが楽しいと思えること
もあり、自分なりに今よりはやりがいを感じて取り組んでいた。

　しかし、3か月前に営業部門へ異動になった。営業では主に保険商品、投
資信託等リスク商品の勧誘がメインであるが、なかなか販売がうまくいかず
どうも自分にはその仕事は向いていないと感じている。今までは店内業務
だったが、今は朝礼が済み次第すぐに外へ出ることや目標数値があるためプ
レッシャーを感じてきている。

(販売がうまくいっていないことで自分に向いていないとお考えでしょう
か？)【下線B】

(中略)

　もともと憧れていた就職先であり、希望通りに就職できたときは両親も喜
んでくれたし、総合職であることはそれなりに理解している。異動は仕方な
いこととも理解しているが…（少し沈黙）実際に営業に従事するとなかなか
今まで通りにいかない。

　店内業務の場合は顧客から来店されるが営業は自分から積極的にいかなけ
ればならないことが違うし、自分には向いていないと感じている。

(今までのお仕事とは違うと感じているのですね)

第3章 ● 模擬試験

　また、銀行業務検定受験を本部から勧奨されている。勉強は嫌いではない
が、営業に変わり、残業も増えたし、一日外回りして帰宅すると疲れてしま
い平日はなかなか机に向かうことが困難である。
（仕事をしながら資格取得もと考えておられるのですね）
　土日を利用して何とか学習しているが、そのこともむなしく感じるときが
ある。大学時代の友人たちも事務職で働いているが、土日はそれぞれの趣味
や旅行等で楽しく過ごしている。自分は銀行業務検定試験の勉強があり、誘
われてもなかなか参加できず、最近は誘われなくなった。自分の人生これで
よいのだろうかと疑問に思い始めている。今後のことをどのように考えてい
けばよいのか気持ちの整理がしたい。

（以下略）

所感（キャリアコンサルタントの見立てと今後の方針）
・**【下線B】**を応答した意図は、（以下略）

（以下略）

【設問】

※注意事項：解答は全て解答用紙の行内に記入すること。裏面等に記入したも
　のは採点されません。

設問1　事例記録の中の「相談の概要」**【略A】**の記載に相当する、相談者が
　　　　この面談で相談したいことは何か。事例記録を手掛かりに記述せよ。
　　　　（10点）

設問2　事例記録の**【下線B】**について、この事例を担当したキャリアコンサ
　　　　ルタントがどのような意図で応答したと考えるかを記述せよ。（10点）

設問3　あなたが考える相談者の問題（①）とその根拠（②）について、相談
　　　　者の言動を通じて、具体的に記述せよ。（20点）　2×10点
　　　　①問題
　　　　②その根拠

設問4　設問3で答えた内容を踏まえ、今後あなたがこのケースを担当すると
　　　　したら、どのような方針でキャリアコンサルティングを進めていくか
　　　　記述せよ。（10点）

53

《解答例》

設問 1

相談者は 3 か月前に営業部門に異動したが、販売がうまくいかず向いていないと感じている。資格取得の勉強もむなしく感じるときがあるなど、人生これでよいのかとの疑問を持ち始めている。どのように考えればよいのか気持ちを整理したいこと。

設問 2

相談者の営業部門の仕事に対する自己評価を伝え返すことで、相談者が営業部門の仕事や自己の適性についてどのように感じているのか明確化を促し、相談者の抱えている問題を把握しようとする意図があると考える。

設問 3

①問題

キャリアビジョンが不明確な中、「仕方ない」異動で就いた営業部門の仕事と自己の適性について深く理解することなく「向いていない」と感じながら働き続けることで、人生に疑問を持つほどの状態になっていることが問題。

②その根拠

1．販売がうまくいかない理由を深掘りせず「向いていない」と判断していることから能力や適性等の自己理解の不足が見られる。2．営業と今までの仕事の違いが「自分から積極的に…」だけであることから、仕事理解の不足を感じる。3．「異動は仕方ない」等の発言からキャリアに対する主体性が弱く、キャリアビジョンが不明確と考えられる。

第3章 ● 模擬試験

設問4

1．人生に疑問を感じるほど悩む相談者の気持ちに寄り添いラポールを築く。2．営業部門の仕事が向いていないと思う気持ちを傾聴し、営業部門の仕事に対する思いや適性に対する疑問の明確化を促す。3．自己理解のため、ジョブ・カードを用いながら（本人同意の上）、興味、能力、価値観等の明確化を促す。4．仕事理解のため上司、先輩からの情報収集により営業の仕事について理解を深め、本当に自分に向いていないか検討を促す。向いていないのであれば、向いている仕事は何か、他部門への異動や転職の可能性を含め選択肢の検討を促す。5．これらにより今後のキャリアビジョンを描き、気持ちを整理した上で自身の人生において納得できるキャリアを選べるよう支援する。

ワンポイントアドバイス

　今回の問題では、相談者が「今の仕事は向いていない」と感じています。このような場合、相談者が「向いていない」と悩んでいるので、その気持ちには寄り添います。ただ、一方でキャリアコンサルタントとしては、相談者の言葉をうのみにするのではなく、「本当にそうなのかな？」、「本当に向いていないかもしれないし、そうではないかもしれない」という冷静な視点も併せて持っておく必要があると考えます。

　このケースに限りませんが、相談者は自身についても、仕事についても十分に理解することなく判断し、結論を下そうとしていることがよくあります。そのようなときは、一度立ち止まって冷静に考えてみて、その上で、どうするか…ということを考えていただく必要があります。キャリアコンサルタントは、相談者が熟慮した上で納得できる意思決定ができるようサポートしていく必要があります。

論述模擬問題 4
[20代　将来のキャリアへの不安]

問題　次の【事例記録】を読み、以下の設問に答えなさい。解答は解答用紙の設問ごとに記述すること。

【事例記録】

＊キャリアコンサルタントが今後の研鑽に生かすための、作成途中の事例記録

相談者情報：
Bさん、女性、24歳 略歴：四年制大学卒業後、文具メーカーの正社員として就職して2年目 家族構成：父53歳、母50歳、弟21歳
面接日時：2024年7月下旬　本人の希望で来談（初回面談）
相談の概要： 【略A】

相談者の話した内容
カッコ内はキャリアコンサルタントの発言

　大学卒業後文具メーカーに就職し、希望していた営業企画へ配属され2年目。小学校に入学したときからさまざまな文房具に触れ、たいへん興味があった。かわいいキャラクターものや機能的なものまでどれも興味深く、将来は文房具関係の仕事でと考えており希望が叶った就職となった。採用されたときは嬉しく、かわいくて機能的な文房具を企画、提案していきたいと夢が膨らんだ。

（希望通りの就職となり、夢や希望を持って入社されたのですね）

　しかし、最近このままでよいのかと思うようになってきた。営業企画の中にはさまざまな仕事があるが、今は主に事務部門でコピーやファイリング、郵便物関係、経費の入力関係等の、雑用ばかり行っている状態が続いている。

（職場の様子をもう少し詳しく教えていただけますか？）【下線B】

（中略）

　配属された当初は仕事を覚えるために仕方がないと思っていたが、1年たっても仕事内容は変わらず、相変わらず雑用と思われる仕事しかやっていない。もっと先輩たちがやっているような、プレゼン用の資料の作成や、企画会議にも参加したい気持ちはあるが声はかからない。一度先輩にそのことについて尋ねてみたが、「自分も入社したばかりのころは補助的な仕事ばかりだったが、あなたが入ってきてくれたから、今やっているような仕事を担当することになった」と言われた。そのことを聞いて、そうすると自分も後

輩が入ってくるまではずっとこの状態が続くのだと思うと不安な気持ちになった。
（今の状態が続くと思うと不安になるのですね）
　思い描いていた仕事をバリバリこなしてライフスタイルが変化しても可能な限りずっと働いていきたいし、できれば管理職も目指していきたいと思っていたが、このままだとキャリアアップどころではない気持ちである。ただ、念願の会社でもありできればここで頑張っていきたいと思うが、どうすればよいかわからない。

（以下略）

所感（キャリアコンサルタントの見立てと今後の方針）
・**【下線B】**を応答した意図は、（以下略）

（以下略）

【設問】

※注意事項：解答は全て解答用紙の行内に記入すること。裏面等に記入したものは採点されません。

設問1　事例記録の中の「相談の概要」**【略A】**の記載に相当する、相談者がこの面談で相談したいことは何か。事例記録を手掛かりに記述せよ。（10点）

設問2　事例記録の**【下線B】**について、この事例を担当したキャリアコンサルタントがどのような意図で応答したと考えるかを記述せよ。（10点）

設問3　あなたが考える相談者の問題（①）とその根拠（②）について、相談者の言動を通じて、具体的に記述せよ。（20点）　2×10点
　　　　①問題
　　　　②その根拠

設問4　設問3で答えた内容を踏まえ、今後あなたがこのケースを担当するとしたら、どのような方針でキャリアコンサルティングを進めていくか記述せよ。（10点）

59

《解答例》

設問 1

　相談者は、雑用中心の業務が続いていて、最近このままでよいのかと思うようになってきた。希望の業務には携われず、この状態が続くと思うと不安。できればここで頑張っていきたいと思うがどうすればよいかわからないこと。

設問 2

　相談者が今置かれている状況と、その状況を相談者がどのように捉えているのかを語ってもらうことで、相談者が抱える問題とその背景にある相談者の思いをより具体的に理解しようとする意図があると考える。

設問 3

①問題

　担当業務に意味を見出せず、今の状態が変わらない前提で状況を捉えていることから、キャリア形成への不安と入社時に抱いていたキャリアビジョンの揺らぎが生じ、どうすればよいかわからなくなっていることが問題。

②その根拠

　1.「このままだとキャリアアップどころではない」等の発言から、キャリア形成への不安とキャリアビジョンの揺らぎが感じられる。2. 担当業務を「雑用」と評価していることから、業務の意味や位置づけが客観的・俯瞰的に把握できておらず仕事理解不足が見られる。3.「ずっとこの状態が続く…」等の発言から、今の状態が続くことを前提に状況を捉えており、視野狭窄と感じられる。

第3章 ● 模擬試験

設問4

1．希望を抱き入社したにもかかわらず現状とのギャップに悩む相談者の気持ちに寄り添いラポールを築く。2．入社時に抱いていた期待や思い描いていた仕事について傾聴し、現在揺らぎかけているキャリアビジョンを再認識してもらう。3．上司・先輩等から業務プロセスに関する情報収集を促し、現在の業務の意味や位置づけ、望む業務に携わるための方法等について客観的、俯瞰的に理解を深めてもらう。4．収集した情報をもとに必要に応じてキャリアビジョン調整・修正を図りながら、その実現に向けたキャリアプランを中長期的な視点から検討を促す。5．これらにより相談者がキャリア形成への不安を解消し、キャリアビジョンの実現に向けどうすればよいか自律的に考え、行動していけるように支援する。

ワンポイントアドバイス

今回の問題は、キャリアビジョンはあったけれども、その通りにいっていないというケースです。模擬問題3までのような「キャリアビジョンが不明確」というものとは性質が異なります。

今回の相談者は、「キャリアビジョン」はある（あった）のです。ただ、思い描いていた通りにはいかなさそうだと感じています。ここでは、その相談者の気持ちを表現するのに、「揺らぎ」という言葉を使っています。キャリアビジョンは一度描いたら終わりではありません。今回のケースのように相談者のキャリアビジョンが揺らいだときには、相談者にそれを思い返してもらったり、調整や修正を行ったりすることもキャリアコンサルタントの支援に含まれます。

論述模擬問題 5
[20代　働き方の選択の悩み]

問題　次の【事例記録】を読み、以下の設問に答えなさい。解答は解答用紙の
　　　設問ごとに記述すること。

【事例記録】
*キャリアコンサルタントが今後の研鑽に生かすための、作成途中の事例記録

相談者情報：
Cさん、男性、25歳
略歴：専門学校卒業後、居酒屋にて勤務（契約社員）
家族構成：父52歳、母52歳、姉28歳

面接日時：2024年10月中旬　本人の希望で来談（初回面談）

相談の概要：

【略A】

相談者の話した内容
カッコ内はキャリアコンサルタントの発言

　高校卒業後、作業療法士を目指して専門学校に進学。両親も姉も医療従事
者であり、自然に医療関係への進路を考えて進学したが、自分のやりたいこ
とではないと感じて作業療法士の国家試験は受験しなかった。卒業後、現在
は学生時代からアルバイトでお世話になっていた居酒屋で働いている。もと
もとはやりたいことが見つかり正社員として就職が決まるまでの予定だっ
た。今までの頑張りが認められて2年前から契約社員となり、一応、副店長
職で店を任されている。
（副店長を任されるほど真面目に頑張ってこられたのですね）
　この仕事は夜が遅く繁盛しているため忙しく大変ではあるが、楽しいと思
えることもあり嫌ではない。しかし今は契約社員であり、親からも飲食店以
外の正社員で考えるように言われている。
（ご両親からは飲食店以外の正社員で就職を考えるように言われているので
すね。何か理由があるのでしょうか？）
　帰宅時間が遅いことや長時間労働であること、休みが少ないこと等で、こ
れから先長く働いていく上で体調面が心配である。普通のサラリーマンに
なってほしいと特に母親から言われている。先日、居酒屋の本部から「よ
かったら正社員として働いてくれないか」との話があった。
（そのお話を聞かれたときはどのようなお気持ちでしたか？）【下線B】

（中略）

　話を聞いたときはびっくりしたが嬉しい気持ちもあった。しかし、両親に
話したところ、「他の業種で働いてほしい」と強く言われてしまった。確か

64

第 3 章 ● 模擬試験

に飲食店は競争が激しく、安定性の面でもリスクはあると思う。

　友人たちの多くは作業療法士として病院や施設で安定した環境で働いている。専門学校のときの親しかった友人からは「受験資格はあるのだから、今からでも受験して作業療法士の資格だけでも取得しておけばよいのに」と言われた。確かに、資格があれば転職には有利だろうとは思う。他の業種、職種に正社員として転職したほうがこれから先を考えてもそのほうがよいのかなとも思う。

（何か興味がある業種や職種はありますか？　また、そのほうがよいとはどのように考えておられますか？）

　できれば社会貢献できる仕事がよいとは思うが、それがどんな仕事なのか、作業療法士や居酒屋での仕事以外で自分に何ができるのか、このままここの居酒屋の会社で正社員として働いていくのか、それとも、他の業種、職種で転職したほうがよいのかわからなくなってきた。

（以下略）

所感（キャリアコンサルタントの見立てと今後の方針）

・【下線B】を応答した意図は、（以下略）

（以下略）

【設問】

※注意事項：解答は全て解答用紙の行内に記入すること。裏面等に記入したものは採点されません。

設問1　事例記録の中の「相談の概要」【略A】の記載に相当する、相談者がこの面談で相談したいことは何か。事例記録を手掛かりに記述せよ。（10点）

設問2　事例記録の【下線B】について、この事例を担当したキャリアコンサルタントがどのような意図で応答したと考えるかを記述せよ。（10点）

設問3　あなたが考える相談者の問題（①）とその根拠（②）について、相談者の言動を通じて、具体的に記述せよ。（20点）　2×10点
　　　　①問題
　　　　②その根拠

設問4　設問3で答えた内容を踏まえ、今後あなたがこのケースを担当するとしたら、どのような方針でキャリアコンサルティングを進めていくか記述せよ。（10点）

65

《解答例》

設問 1

　相談者は現在勤める居酒屋で正社員登用の話があった。嬉しい気持ちもあるが、両親には賛成されず、自分でもリスクがあると感じている。この居酒屋の会社で働いていくのか、転職したほうがよいのかわからなくなってきたこと。

設問 2

　正社員登用の話を聞いたときの率直な気持ちを引き出すことで、そこから相談者の居酒屋での正社員についての思いや今後の働き方に関する考えを明確化しようとする意図があると考える。

設問 3

①問題

　自身の「やりたいこと」や「できること」が明確に描けず、働き方の選択肢も十分把握・整理できていない中、周囲の影響を受けて、今後の働き方について自律的に意思決定できなくなっていることが問題。

②その根拠

　1．「自分に何ができるのか…」等の発言から、経験、能力、興味、価値観等の自己理解不足を感じる。2．職業の選択肢が「居酒屋」、「他の業種、職種」で、「社会貢献できる仕事」も具体性がなく仕事理解不足が見られる。3．進学の経緯や「親からも飲食以外で…」等の発言から周囲の影響を受け、自律的な意思決定ができていない様子がある。

第3章 ● 模擬試験

設問4

1．今後の働き方に悩む相談者の気持ちを受容・共感的に受け止め関係構築に努める。2．自己理解のため、ジョブ・カードを使用し（本人同意の上）、これまでの経験を振り返りながら、能力や興味、価値観等の明確化を促す。3．仕事理解のため、居酒屋の会社の人事等に正社員の働き方ついて詳細な情報の確認を促す。また、その他業種・職種についても情報収集を促す。相談者の言う「社会貢献ができる仕事」についても具体化を支援する。4．相談者が両親の意向についてどのように感じているのかと、相談者自身の意思を確認する。必要であれば両親とのコミュニケーションを促す。5．これらにより相談者が今後の働き方について自律的に選択、意思決定できるように支援する。

ワンポイントアドバイス

　キャリアコンサルティングにおいては、相談者がどうしたいのか、どうなりたいのかを明確にしていくことが大切です。論述試験においても同じです。ただ、そこが不明確な相談者が多いのも事実です（だから悩みを抱えているともいえます）。

　今回の問題の相談者も「やりたいこと」がはっきりしていません。そのため、キャリアコンサルタントとしては、それを明確化する支援が必要です。アセスメントや棚卸しによって明確化していくこともできますが、今回の事例では、相談者が「社会貢献できる仕事がよいと思う」と言っています。このような相談者自身から出てきた言葉には相談者の思いが込められています。それを手掛かりに明確化していくというのも有効な手段です。

論述模擬問題 6
［20代　キャリア選択の悩み］

問題　次の【事例記録】を読み、以下の設問に答えなさい。解答は解答用紙の
　　　設問ごとに記述すること。

【事例記録】
＊キャリアコンサルタントが今後の研鑽に生かすための、作成途中の事例記録

相談者情報：
Dさん、男性、29歳
略歴：大学院卒業後、税理士事務所でアルバイト
家族構成：父58歳、母56歳、弟27歳

面接日時：2024年12月上旬　本人の希望で来談（初回面談）

相談の概要：
【略A】

相談者の話した内容
カッコ内はキャリアコンサルタントの発言

　税理士を希望し、大学卒業後大学院に進学した。大学院卒業時より数度税理士試験にチャレンジしているが、なかなか合格できない。現在は税理士事務所でアルバイトをしながら試験を受けている。勉強時間を確保するために大学院卒業時はあえて正社員での就職はしなかった。

　現在の職場は所長が資格取得に協力的で試験前は早退や休みを認めてくれ、また合格者には受験料を事務所が負担するなど配慮があり、ありがたいと感じている。所長は面倒見がよく、所内の雰囲気もよく働きやすいと感じている。

　弟がいるが、弟は大学卒業後すぐに就職して、もうすぐ結婚することになっている。自分と比べて順調に人生を歩んでいるようで、正直うらやましく思うときもある。このことがきっかけで働き方を悩み始めた。
<u>（弟さんは順調だと感じておられるのですね）</u>**【下線B】**

（中略）

　もちろん、アルバイトのままでとは考えていなかったし、今の事務所は税理士試験に合格すれば税理士として正社員登用はあると言われている。しかし、何度も不合格だし合格できる保証もない。自分は20代の終わりの年齢でもあるし、そう簡単に他の仕事で就職先が見つかるとは思えない。
（年齢面が厳しいと感じておられますか？）
　それに今まで税理士補助事務以外のことはやっていないので他の仕事で正社員就職と言われても簡単なことではないと思うし、正社員就職が自分にできるのか自信もない。

（Dさんの中での正社員とはどのようなイメージでしょうか？）

　就職活動を開始するとしてもそもそも応募書類も書いたことがない。自分にはアルバイトの経験しかないためアピールできる材料もないし、税理士試験に落ち続けていることはかえってマイナスに受け止められてしまうのではないかと感じている。

（アルバイトの経験しかないことや、試験に不合格が続いたことは不利だとお考えでしょうか？）

　今までずっと勉強してきただけに税理士をあきらめてしまうことに抵抗がないわけではないが、30歳を目前にしており、このままアルバイトを続けていったとすると、これからますます厳しくなるのではないかと思う。どうすればよいかわからない。

（以下略）

所感（キャリアコンサルタントの見立てと今後の方針）
・**【下線B】**を応答した意図は、（以下略）

（以下略）

【設問】

※注意事項：解答は全て解答用紙の行内に記入すること。裏面等に記入したものは採点されません。

設問1　事例記録の中の「相談の概要」**【略A】**の記載に相当する、相談者がこの面談で相談したいことは何か。事例記録を手掛かりに記述せよ。（10点）

設問2　事例記録の**【下線B】**について、この事例を担当したキャリアコンサルタントがどのような意図で応答したと考えるかを記述せよ。（10点）

設問3　あなたが考える相談者の問題（①）とその根拠（②）について、相談者の言動を通じて，具体的に記述せよ。（20点）　2×10点
　　　　①問題
　　　　②その根拠

設問4　設問3で答えた内容を踏まえ、今後あなたがこのケースを担当するとしたら、どのような方針でキャリアコンサルティングを進めていくか記述せよ。（10点）

《解答例》

設問1

　相談者は弟の結婚をきっかけに働き方を悩み始めた。税理士を目指しているが、合格できる保証もないし、年齢や経験を考えると他の仕事での正社員就職も簡単でないと考える。30歳も目前で、どうすればよいかわからないこと。

設問2

　弟との比較から悩みが生じている相談者の気持ちを受容し、共感を示している。また、相談者が自分の働き方についてどのように考えているのか、相談者の抱える問題を明確化しようとする意図があると考える。

設問3

①問題

　税理士としてのキャリアが順調に進まない中、弟との比較によりキャリアビジョンが揺らいでいること、また、自身の経験や能力への自信のなさや年齢による焦りにとらわれ、どうすればよいかわからなくなっていることが問題。

②その根拠

　1.「何度も不合格だし…」「（弟が）うらやましく思う…」等の発言からキャリアビジョンの揺らぎを感じる。2.「アルバイトの経験しか…」等の発言から経験や能力等自己理解の不足とそのために自信が持てない様子がある。3.「30歳を目前…」等自ら年齢的な制約にとらわれ焦りを募らせていて、情報不足と思い込みが見られる。

第3章 ● 模擬試験

設問4

1．今後の働き方に悩み始めたという相談者の気持ちを受容・共感的に受け止めラポールを築く。2．税理士への思いを傾聴し、元々描いていたキャリアビジョンを思い出してもらう。一方、正社員就職についての思いも傾聴し、相談者が今働くことに何を求めているのかの明確化を促す。3．税理士の勉強やアルバイトの経験やそこで身につけた能力等を棚卸ししながら自己理解を深め、適正な自己評価ができるよう支援する。4．今後の働き方について複数の選択肢（税理士、他の仕事や資格への転身など）を一緒に検討する。情報収集の過程で年齢的制約等についても現実吟味を促す。5．これらにより相談者がキャリアビジョンを再設定し、それをもとに今後の働き方を主体的に意思決定できるように支援する。

ワンポイントアドバイス

　今回の問題は、資格試験の勉強をこのまま続けていてよいのかという悩みを抱えた相談者のケースです。このような問題があると、勉強方法が適切なのか、であるとか、試験勉強を続けたところで合格できるのか、といったことが気になる人もいるかもしれません。ただ、それは私たちにはわかりませんし、それを明確にすることが目的ではありません。また、相談者にとって税理士の道を目指すことがよいのか、別の道を探すほうがよいのかも私たちにはわかりません。

　ここで私たちがキャリア支援の専門家としてできるのは、相談者が自分のキャリアをどうしたいかを考える支援です。そのために、相談者の内省を促したり、自己理解や仕事理解を深めたりしながら、相談者がキャリアについて考えられるように支援していくことが大切だと考えます。

論述模擬問題 7
［30代　異動に伴う悩み］

問題　次の【事例記録】を読み、以下の設問に答えなさい。解答は解答用紙の
　　　設問ごとに記述すること。

【事例記録】
＊キャリアコンサルタントが今後の研鑽に生かすための、作成途中の事例記録

相談者情報： Eさん、男性、33歳 略歴：四年制大学卒業後、レントゲンメーカーに就職して10年 家族構成：父70歳、母65歳、妹30歳（既婚・他県在住）
面接日時：2024年12月上旬　本人の希望で来談（初回面談）
相談の概要： 【略A】
相談者の話した内容 **カッコ内はキャリアコンサルタントの発言**

　大学卒業後レントゲンのメーカーに入社以来10年、本社の経理部に在籍。
大学時代に就職を意識して日商簿記2級を取得した。数字には強く今の仕事
は自分に合っていると思っている。自分はこのまま経理部門でやっていくも
のだと思っていたが、先日生産管理部への異動の話があった。
　生産管理部門に異動した場合、勤務先の工場は他県であり転居も伴う。こ
れまで10年異動もなく、生産管理部門とは直接の関わりもなかったため、
まったく思ってもみなかった想定外の異動の話で、しかも転居が伴うこと
だったのでとても驚いた。
(思いもよらない異動の話だったので驚かれたのですね。【下線B】

(中略)

　経理の仕事は気に入っているし、ミスも少なく正確に処理ができると上司
からも評価を受けている。10年異動もなく、このまま経理でいくものだと
思っていた。自分もここでキャリアアップして、管理職も目指していきたい
と考えていた。生産管理部の仕事は確かに経理の知識は重宝されるとは思
う。しかし、自分には経験のない仕事であり、経理職としてのキャリアは中
断されてしまう。また、慣れない一人暮らしをしながら、新しい環境でうま
くやっていけるのか不安である。
(一人暮らしに不安を感じてもいるのですね)
　同居する両親も高齢になってきた。妹がいるが、結婚して他県で暮らして
いる。転居がどのくらいの期間になるのかわからないが、両親のことも気に

76

第3章 ● 模擬試験

かかる。今は元気だがこれから先介護が必要になったときには自分が世話をしなくてはならないだろうし、そのときにまだ工場勤務だったらどうなるのか。再び異動になっても必ず本社の経理部へ戻れる保証はないし、そうなると経理からはどんどん離れていってしまう…考えると心配は尽きない。
（ご両親に何かあった場合はEさんがやらないといけないと思っておられるのですね）
　妹は義理の両親と同居しており、子供もまだ幼いため無理は言えない。そうなると本社に戻してもらうため、ますます経理にこだわってもいられなくなる。
　正社員である以上、転勤は仕方ないことだが、なぜ自分なのか？　場合によっては断ることが可能なのか？　経理職としてのキャリアを考えれば断るべきかもしれないが、断ればいろいろ不利益があるのではないかと思うと、どうすればよいかわからなくなってしまった。

（以下略）

所感（キャリアコンサルタントの見立てと今後の方針）
・**【下線B】**を応答した意図は、（以下略）

（以下略）

【設問】

※注意事項：解答は全て解答用紙の行内に記入すること。裏面等に記入したものは採点されません。

設問1　事例記録の中の「相談の概要」**【略A】**の記載に相当する、相談者がこの面談で相談したいことは何か。事例記録を手掛かりに記述せよ。（10点）

設問2　事例記録の**【下線B】**について、この事例を担当したキャリアコンサルタントがどのような意図で応答したと考えるかを記述せよ。（10点）

設問3　あなたが考える相談者の問題（①）とその根拠（②）について、相談者の言動を通じて、具体的に記述せよ。（20点）　2×10点
　　　　①問題
　　　　②その根拠

設問4　設問3で答えた内容を踏まえ、今後あなたがこのケースを担当するとしたら、どのような方針でキャリアコンサルティングを進めていくか記述せよ。（10点）

77

《解答例》

設問 1

　相談者は、先日異動の話があったがまったく想定外の話でとても驚いた。一人暮らしや両親のことも心配だし、経理職としてのキャリアを考えると断るべきと思うが、断れば不利益があるのではないかと思うと、どうすればよいかわからないこと。

設問 2

　相談者の驚く気持ちを受け止めるとともに、「思いもよらない」や「驚き」という背景を語ってもらうことによって、相談者にとっての今回の異動の意味や相談者の懸念を明確化しようとする意図があると考える。

設問 3

①問題

　今回の異動の背景や意味を十分確認、理解しないまま、「キャリアの中断」と決めつけていること、また、異動の諾否を判断する基準を把握・整理できていないことから、どうすればよいかわからなくなっていることが問題。

②その根拠

　1.「キャリアが中断…」等の発言から経理部門で働くことだけが経理職のキャリアとみなしている節があり、社内のキャリアパス等の仕事理解不足がうかがえる。2.「なぜ自分…」等の発言から異動の背景や意味を十分確認、理解できていないと思われる。3.「断るべきかも…」等の発言から異動の諾否を判断する基準の把握・整理が不十分と考えられる。

第3章 ● 模擬試験

設問4

1．相談者の悩む気持ちを受け止めながら、これまで10年間経理職として経験を積んできたことを労い信頼関係を築く。2．経理職に対する思いを傾聴し、相談者が描く「経理職としてのキャリア」を明確にする。3．人事や上司に今回の異動の背景や意味を確認することを促す。また、会社のキャリアパス等についても確認した上で、今回の異動が相談者のキャリアプランに及ぼす影響を検討する。4．また、異動を「受けたとき」と「断ったとき」それぞれの影響について、仕事面だけでなく、転居に伴う生活の変化や家族への影響なども含め必要な情報収集も行いながら、客観的に比較検討できるようサポートする。5．これらを踏まえ相談者が今回の異動について納得できる選択ができるように支援する。

ワンポイントアドバイス

　今回の事例記録を読んで、相談者には異動の背景を知ることや社内のキャリアパスについての理解が必要だと感じられた方もいらっしゃると思います。ただ、いきなりそれらを指摘しても受け入れてもらいにくいと感じます。なぜなら、相談者には自身の思い描く「経理職としてのキャリア」があり、そこに強い思いがあるからです。

　そこで、まずは相談者の思いを傾聴して、相談者の描く「経理職としてのキャリア」について理解を示すことが大切です。その上で、相談者の「経理職としてのキャリア」と関連づける形で異動の背景やキャリアパスについて理解を深める行動を促すほうが、相談者にも受け入れてもらいやすいです。面接試験（ロールプレイ）にも通じる考え方です。

論述模擬問題 8
[30代　昇進に伴う悩み]

問題　次の【事例記録】を読み、以下の設問に答えなさい。解答は解答用紙の
　　　設問ごとに記述すること。

【事例記録】
＊キャリアコンサルタントが今後の研鑽に生かすための、作成途中の事例記録

相談者情報：

Ｆさん、女性、38歳

略歴：短大卒業後スーパーマーケットに就職し、18年

家族構成：父70歳、母65歳、弟35歳（既婚）

面接日時：2024年10月下旬　本人の希望で来談（初回面談）

相談の概要：

【略Ａ】

相談者の話した内容
カッコ内はキャリアコンサルタントの発言

　短大卒業後、大手のスーパーに就職。入社当時は商品統括部に所属。食品
や衣類などあちこちの店舗の売り場やサービスカウンター、お客様相談室な
どを経験した後、半年前に人事教育部採用教育課の課長補佐として異動に
なった。

（課長補佐に抜擢されるほど真面目に頑張ってこられたのですね。任命され
たときはどのようなお気持ちでしたか？）

　スーパーという業種であるため、正社員からシニアパートまで多様な雇用
形態で多くの人が働いている。年代も高校卒業したての人から自分の親世代
の人まで幅広い。大変なこともあったが自分なりにやりがいを感じて働いて
きたことで、その努力が認められたのだと嬉しかった。

　現在の職場には年上の部下が数名いる。その中に自分が入社したころ配属
された部署でイチから仕事を教えてくれた先輩がいる。その先輩は、家庭の
事情で現在は時短勤務で働いている。異動になったときはお世話になった先
輩がいると思い心強く思っていたが、実際に来てみると挨拶はするが、以前
とは印象が違う感じである。わからないことを先輩に聞こうと思うが、何と
なく聞きにくい。

（わからないことがあっても聞きにくいと感じているのですね）【下線Ｂ】

（中略）

　前職の補佐がマニュアルを置いてくれてはいるが、そこの職場では一番経
験が浅いためまだまだ知らないことやわからないことも多くある。課長は外
出も多いため、職場はその先輩が中心になっているようで、先輩が指示を出

82

第3章 ● 模擬試験

したりしている。部下も何かあると自分にではなくその先輩に聞いたり確認したりしている。

　本来なら自分がそのような役割だと思うが現時点では仕事をすべてマスターしている状態ではないため仕方がないとは思う。

　しかし最近、疎外感すら感じられ、部下の顔色を気にしている自分に対して情けないし課長補佐の資格はないようにも感じられる。このままではいけないとはわかってはいるが、どうすることもできず辛い。

　このままの状態が今後も続くなら、自己申告のときに異動願を出そうかとまで考えている。どうすれば、課長補佐として周囲とうまくやっていけるようになるのか悩んでいる。

（以下略）

所感（キャリアコンサルタントの見立てと今後の方針）
・【下線B】を応答した意図は、（以下略）

（以下略）

【設問】

※注意事項：解答は全て解答用紙の行内に記入すること。裏面等に記入したものは採点されません。

設問1　事例記録の中の「相談の概要」【略A】の記載に相当する、相談者がこの面談で相談したいことは何か。事例記録を手掛かりに記述せよ。（10点）

設問2　事例記録の【下線B】について、この事例を担当したキャリアコンサルタントがどのような意図で応答したと考えるかを記述せよ。（10点）

設問3　あなたが考える相談者の問題（①）とその根拠（②）について、相談者の言動を通じて、具体的に記述せよ。（20点）　2×10点
　　　　①問題
　　　　②その根拠

設問4　設問3で答えた内容を踏まえ、今後あなたがこのケースを担当するとしたら、どのような方針でキャリアコンサルティングを進めていくか記述せよ。（10点）

83

《解答例》

設問 1

　相談者は部下に助言や指示ができず、疎外感を感じ、課長補佐の資格はないようにも感じている。このままではいけないがどうすることもできず辛い。どうすれば課長補佐として周囲とうまくやっていけるか悩んでいること。

設問 2

　先輩に「聞きづらい」と感じている相談者の気持ちを共感的に受け止めるとともに、課長補佐として現状感じている部下との関係の難しさを語ってもらうことで、相談者の抱える問題を明確化する意図があると考える。

設問 3

①問題

　課長補佐の役割に対する理解不足、部下とのコミュニケーションの問題により新しい職場での適応がうまくいかずに自信を失ってしまい、このままではいけないと思いながらどうすることもできず悩んでいることが問題。

②その根拠

　1.「課長補佐の資格はない…」等の発言から自己効力感が下がっており、適正な自己評価ができていないと感じられる。2.「本来なら自分が…」との発言から、役割等に対する理解不足が感じられる。3.「仕事をすべて…」等の発言から、仕事をマスターしていないと助言・指示できないという思い込みがあり、自らコミュニケーションを閉ざしている可能性を感じる。

第3章 ● 模擬試験

設問4

　1．異動願を出そうかとまで悩んでいる相談者の気持ちを受容、共感的に受け止め、気持ちを落ち着かせてもらう。2．相談者のこれまでの職務経験を振り返り、特に強みに焦点を当てることで自己効力感を高めるとともに、能力、適性等について適正な自己評価ができるように促す。3．上司との相談を促し、この職場の組織風土や課長補佐の役割、相談者への期待について理解を深めてもらうとともに、思い込みの修正を図る。4．これらから課長補佐として活かせる強みと課題を一緒に洗い出す。コミュニケーションについても振り返り、対人スキルに不足があるのであれば改善、向上に取り組んでもらう。5．これらにより相談者が職場への適応を高め、課長補佐として周囲とうまくやっていけるように支援する。

ワンポイントアドバイス

　実際の試験でも、今回の問題のように、相談者の自己効力感が下がっているというケースがあります。自己効力感が低いと相談者が行動しにくくなったり、本来であればうまくできることも難しくなったりします。そうすると、設問4でいろいろと方策を講じても問題解決につながりにくくなります。

　ですので、相談者の自己効力感が下がっている場合は、設問4の早い段階で対処しておく必要があります。また、自己効力感を高めるために、「4つの情報源」がありますが、論述試験の中ではそれらを直接扱うことは難しいかもしれません。そこで、この解答例の中では「個人的達成」に代わる形で、「強みに焦点を当てる」ことを行っています。

論述模擬問題 9
[30代　転職に伴う悩み]

問題　次の【事例記録】を読み、以下の設問に答えなさい。解答は解答用紙の
　　　設問ごとに記述すること。

【事例記録】
＊キャリアコンサルタントが今後の研鑽に生かすための、作成途中の事例記録

相談者情報：
Gさん、男性、37歳
略歴：四年制大学卒業後、パン製造会社に就職。その後、製茶会社に転職し3年
家族構成：父65歳、母63歳、兄40歳（既婚）※家族は地元に在住
面接日時：2024年12月上旬　本人の希望で来談（初回面談）
相談の概要：
【略A】

相談者の話した内容
カッコ内はキャリアコンサルタントの発言

　大学進学を機に実家を離れて、大学卒業後は帰郷せずパン製造会社に就職。希望した就職ではなかったが、当時は就職状況が厳しく、正社員で採用されたことで就職を決めた。工場勤務であり、就労時間は交代制であった。朝早いことも多く、また、正社員だったことと、当時現場はぎりぎりの人数で回していたため残業も多かった。若いうちはこの仕事も何とか続けられるだろうが、将来を考えると体力的に厳しくなること、いずれは地元に戻ることもなんとなく考えていたので退職し、3年前に現在の製茶会社に転職した。
（今後のことを考えて転職されたのですね）
　転職活動では住まいの近くのハローワークを利用した。今まで不規則な勤務だったことや残業が多く、自分のための時間が取れなかったため、勤務時間が規則正しく残業の少ない仕事であること、何か将来Uターンしたときにキャリアにつながる仕事であることを転職の条件として、現在の製茶会社に就職を決めた。職種も製造部門ではなく、営業兼営業事務を選択した。
<u>（今のお仕事を選ばれたのは希望する条件に合うと思ったからだったのですね）</u>【下線B】

（中略）

　転職時は、何よりも気持ち的に余裕を感じながら働いていきたいということが一番の希望だった。営業、営業事務ということで確かに早朝勤務はなかった。しかし、もっとデスクワークもあると思っていたが、実際は取引先

88

への納品業務が中心で一日中配達関係に従事することも少なくない。取引先の希望する時間に合わせることや、道路事情で遅くなるときもあり、そこから会社に戻って事務処理をしている。製茶会社なのでたまにではあるが休日もイベントがあるときは出勤になる。

　営業や事務スキルを身につけることで将来Uターンしたときにアピール材料となり、転職が有利になるかもと考えていたが、営業や事務のスキルは何も身についていないし、転職したが得るものもないように感じる。このままでは前職と変わらない気がしている。

　両親からは、もうこちらに戻ってきたらどうかとも言われているが迷っている。ハローワークで地元の求人を検索してもなかなか希望するような求人が少なかったので、今このタイミングで地元に帰るのもどうかと思うが、このまま今の仕事を続けていても意味がないとも思い悩んでいる。

（以下略）

所感（キャリアコンサルタントの見立てと今後の方針）
・**【下線B】**を応答した意図は、（以下略）

（以下略）

【設問】

※注意事項：解答は全て解答用紙の行内に記入すること。裏面等に記入したものは採点されません。

設問1　事例記録の中の「相談の概要」**【略A】**の記載に相当する、相談者がこの面談で相談したいことは何か。事例記録を手掛かりに記述せよ。（10点）

設問2　事例記録の**【下線B】**について、この事例を担当したキャリアコンサルタントがどのような意図で応答したと考えるかを記述せよ。（10点）

設問3　あなたが考える相談者の問題（①）とその根拠（②）について、相談者の言動を通じて、具体的に記述せよ。（20点）　2×10点
　　　　①問題
　　　　②その根拠

設問4　設問3で答えた内容を踏まえ、今後あなたがこのケースを担当するとしたら、どのような方針でキャリアコンサルティングを進めていくか記述せよ。（10点）

《解答例》

設問1

　相談者は気持ち的な余裕やUターンしたときのキャリアにつながる仕事を求めて転職したが、このままでは前職と変わらない気がしている。今地元に帰るのもどうかと思うが、このまま続けていても意味がないと悩んでいること。

設問2

　相談者が今の仕事を選んだ思いに焦点を当てることで、転職当時の期待を明確にするとともに、それに対して今現在どうなのか、相談者の置かれている状況と抱えている問題を明確にする意図があると考える。

設問3

①問題

　キャリアビジョンが不明確なまま、転職後の仕事は地元でのキャリアにつながらず、得るものがないと決めつけていること。とはいえ、地元で希望に合う仕事も見つけられず、地元に戻るかどうか悩んでいることが問題。

②その根拠

　1.以前より地元に戻ることを考えていたが、地元でどのようなキャリアを築こうとしているか不明で、キャリアビジョンとそのもとになる自己理解の不明確さを感じる。2.「得るものもない…」等の発言から期待と違っていたことで現職に対するネガティブな決めつけ、思い込みがうかがえる。3.「ハローワークで…」等の発言から情報源の活用不足と情報不足を感じる。

第3章 ● 模擬試験

設問4

　1．転職後の仕事が期待と違ったと感じる相談者の気持ちを受け止めラポールを築く。2．相談者の地元に戻ろうと思っていた気持ちを傾聴し、地元でどのようなキャリアを築こうと思っていたのか、キャリアビジョンを確認する。3．自己理解のため、これまでの職務経験を振り返りながら相談者の強みや長所、興味・関心などを改めて確認し、自分に合った仕事や働き方を考えてもらうとともに、現在の職場環境や仕事内容は本当に得るものがなかったかを確認する。4．相談者の求める働き方を実現する方法をさまざまな媒体を用い、幅広く情報収集することを促す。5．これらを踏まえて、今後どこでどのように働いていくのか、相談者自身が納得できる選択ができるように支援する。

ワンポイントアドバイス

　今回のケースでは、相談者は今の仕事に「得るものがない」と言っていますが、実際どうなのでしょうか。本当に得るものがない仕事かもしれません。ただ、地元でのキャリアが不明確な中では、何が「得るもの」なのかそうでないのかを判断するのはなかなか難しいと感じます。そのため、今の状況で「得るものがない」と言ってしまうのは、思い込みや決めつけではないかと感じます。

　また、今回のように希望する求人が見つからないという場合、本当に条件に合う求人がない場合もありますが、上手に情報を探せていない場合もあります。例えば、この相談者はもっぱらハローワークを利用していますが、今はさまざまな情報媒体などがあります。情報収集、活用能力というのも、相談者・キャリアコンサルタント双方にとって必要な能力だと考えます。

論述模擬問題10

［40代　子育て後の再就職の悩み］

問題　次の【事例記録】を読み、以下の設問に答えなさい。解答は解答用紙の
　　　設問ごとに記述すること。

【事例記録】
＊キャリアコンサルタントが今後の研鑽に生かすための、作成途中の事例記録

相談者情報：
Hさん、女性、42歳
略歴：短期大学卒業後、出版社に就職。出産を機に退職し、その後専業主婦
家族構成：夫45歳、長男14歳、長女12歳

面接日時：2024年11月下旬　本人の希望で来談（初回面談）

相談の概要：
【略A】

相談者の話した内容
カッコ内はキャリアコンサルタントの発言

　短大卒業後、出版社で一般事務に従事していたが、長男の出産を機に退職
した。その後今日まで専業主婦で家事と育児に専念してきた。来年の4月に
長女が中学生になるので、そろそろ社会に出て仕事をしたいと考え始めた。
これから子供たちも高校受験、大学受験と教育費も馬鹿にはならない。
（これからお子さんたちの教育費もかかっていくので、働こうと考えておら
れるのですね）
　先日、ハローワークで求職登録した。退職前は事務職だったので、事務職
を希望して探してみた。派遣会社にも登録に行った。そこでパソコンのスキ
ルチェックがあった。恥ずかしいくらいにまったくできなかった。パソコン
は家にもあるが、検索や、動画を見るのが主でワードやエクセルの操作はほ
とんどしない。
　派遣会社のコーディネーターから「事務はパソコン力ですよ。できないと
なるとご紹介が厳しくなります」と言われた。以前の事務の内容はどちらか
というとコピーやファイリング、物品管理、郵便物関係、おつかいなどが主
だった。伝票関係もあるにはあったが、フォーマットがあり数値を打ち込む
のみの形であった。
（事務職をご希望ですか？　他にやってみたい、興味のある仕事はいかがですか？）
　何が何でも事務職とは思ってはいないが年齢的にも未経験職となるともっ
と厳しいのではないかと考えるので経験職の事務を希望している。
（事務職をご希望なのは、お考えがあってのことなのですね）【下線B】

（中略）

94

第3章 ● 模擬試験

　子供の幼稚園時代のママ友も多く働いている。就職活動がこんなに大変とは思っていなかった。ハローワークでは応募するときの説明を丁寧にしていただいた。前職は履歴書のみでの選考だったが最近はパートであっても職務経歴書が必要なことや、そこに志望動機、自己PRなどの記載が求められることなどで、家事・育児しかしてこなかった自分にはアピールできる材料もないため、余計に厳しいと感じる。ましてや最近の面接ではどんな質問があるのか、どのように答えればよいのか、不安は増すばかり。
（働いているママ友にどのように仕事を見つけられたのかお聞きになったことはありますか？）
　ママ友は働いているので忙しそうで、なかなかゆっくりおしゃべりがしにくいため、しっかり聞いたことはない。また、販売関連に従事されている方が多いため、事務職とは違うのであまり参考にはならないと思っている。働きたい気持ちはあるが、このままでは就職は厳しいと思い、どうしていけばよいかわからずに悩んでいる。

（以下略）

所感（キャリアコンサルタントの見立てと今後の方針）
・【下線B】を応答した意図は、（以下略）

（以下略）

【設問】

※注意事項：解答は全て解答用紙の行内に記入すること。裏面等に記入したものは採点されません。

設問1　事例記録の中の「相談の概要」【略A】の記載に相当する、相談者がこの面談で相談したいことは何か。事例記録を手掛かりに記述せよ。（10点）

設問2　事例記録の【下線B】について、この事例を担当したキャリアコンサルタントがどのような意図で応答したと考えるかを記述せよ。（10点）

設問3　あなたが考える相談者の問題（①）とその根拠（②）について、相談者の言動を通じて、具体的に記述せよ。（20点）　2×10点
　　　①問題
　　　②その根拠

設問4　設問3で答えた内容を踏まえ、今後あなたがこのケースを担当するとしたら、どのような方針でキャリアコンサルティングを進めていくか記述せよ。（10点）

95

《解答例》

設問 1

　相談者は再就職したいと考え始めたが、就職活動がこんなに大変だと思っていなかった。アピール材料もないため、余計に厳しいと感じる。このままでは就職は厳しいと思い、どうしていけばよいかわからず悩んでいること。

設問 2

　相談者が事務職を希望と言う背景に理解を示すとともに、相談者が今再就職に関して考え、感じていることをさらに語ってもらうことで、相談者が抱えている問題を明確化しようとする意図があると考える。

設問 3

①問題

　再就職にあたり自分自身についても仕事についても十分吟味できていないこと、また、再就職活動の理解不足や再就職に関する情報の収集・活用不足などから再就職に難しさを感じ、どうしていいかわからなくなっていることが問題。

②その根拠

　1.「アピールできる材料はない」等の発言から自身の強み、能力、資質等についての自己理解不足が感じられる。2.「何が何でも事務職…」等の発言から希望職種の検討不足、また「最近の面接では…」等の発言から再就職活動の理解不足等、仕事理解不足が見られる。3.ママ友の話は「参考にならない」と決めつけており、リソースの活用不足と感じる。

第3章 ● 模擬試験

設問4

1．働きたい気持ちはあるものの、このままでは厳しいと悩む相談者の気持ちに寄り添いラポールを築く。2．自己理解のため、家事育児も含めたこれまでの経験を棚卸ししながら自身の強みや能力、資質等の明確化に取り組んでもらう。3．仕事理解のため、job tag等情報源を用いて希望職種を検討してもらう。最近の再就職市場の動向や求められるスキルに関する情報を提供し、必要であればスキルアップの方策等も情報提供を行う。4．働くママ友の話からも再就職に役立つ情報が得られる可能性について示唆し、彼女らからの情報収集とその活用を促す。5．応募書類・面接等についても継続的にサポートを行い、相談者が前向きに再就職活動に取り組んでいけるよう支援する。

ワンポイントアドバイス

　今回のケースでは、設問3に「ママ友とのコミュニケーション不足」と書くこともできるかもしれません。ただ、この相談者は「ママ友の話は参考にならない」と思っています。この状態でコミュニケーションを取っても得るものは少ないでしょう。ここでは、「コミュニケーション不足」よりも「参考にならない」と決めつけていることのほうが問題だと感じます。そのため、「リソースの活用不足」という表現を使っています。

　このように、コミュニケーションに問題がありそうなことを取り上げるとき、「コミュニケーション不足」だけでなく、表現のバリエーションを増やすことをお勧めします。そうすることで、より相談者の実態に合った問題把握と対処を考えられるようになるかと思います。

論述模擬問題11

［40代　正社員就職への悩み］

問題　次の【事例記録】を読み、以下の設問に答えなさい。解答は解答用紙の
　　　設問ごとに記述すること。

【事例記録】
＊キャリアコンサルタントが今後の研鑽に生かすための、作成途中の事例記録

相談者情報：
Ｉさん、男性、43歳 略歴：四年制大学卒業後、公務職に非常勤職員として13年勤務。その後退職して２年 家族構成：父73歳、母70歳、妹40歳（既婚）
面接日時：2024年１月中旬　本人の希望で来談（初回面談）
相談の概要： <div align="center">【略A】</div>

相談者の話した内容
カッコ内はキャリアコンサルタントの発言

　もともと公務員志望だったが、氷河期世代ということもあり、たいへん人気があり受験に失敗した。大学卒業後、公務員受験の専門学校に通学し継続して受験したが、うまくいかなかった。その後郵便局の非常勤職員として働きながら受験したが、それもうまくいかず40歳まで働いた。
（40歳まで働かれたのですね。40歳で退職されたのは何かあったのですか？）
　40歳のときに、これが最後のチャンスと思い求人に応募。内定を得た。契約社員だったが正社員登用の可能性がある求人だった。
　だが、内定後よく考えると、正社員登用可能性はあるといっても確実ではない。それならはじめから正社員で働くほうがよいと考え直して辞退した。郵便局にはすでに退職を伝えた後だった。郵便局はすでに求人の手配をしていたため、戻ることもできなかった。
（内定を辞退してでも正社員で就職したいと思っていたのですね）【下線B】

（中略）

　今後は安定して働いていきたいので正社員を希望した。内定を辞退したことはやむを得なかったと思う。郵便局のことは残念な気持ちもあるが、退職してしまった以上新たな仕事を探すしかないと思い、ハローワークに登録し、今度こそ正社員で就職するため就職活動を開始した。運転免許を取得していないことと、事務経験しかないため事務職を希望している。
（前職ではどのような事務に従事されていたのですか？）

第3章 ● 模擬試験

総務事務のような仕事をしていた。今後は、できれば実家から通いやすい、乗り換えなしで行ける会社の事務がよい。社交的なほうではないため、営業や販売は向いていないと感じている。先日たまたまネットで自宅近くの印刷会社で人事関係事務職の募集を見つけて応募してみたが、書類選考の段階で不採用であった。正社員の経験がないことや運転免許がないことが原因だと感じる。

ただ、最近は事務職でも普通免許必須と記載のある求人も多い。ハローワークの相談員から比較的男性が多く従事されている事務の仕事で品質管理や生産管理、購買事務を紹介された。しかし、どれも自分の条件に合わないため応募していない。

（自宅近くで働きたいのは何か理由がありますか？）

スキルアップのための時間を確保したい。こんなことなら内定辞退せずに内定先で就労しておけばよかったと思う。このままでは就職先が見つからないのではないかと不安で仕方がない。

(以下略)

所感（キャリアコンサルタントの見立てと今後の方針）
・【下線B】を応答した意図は、（以下略）

(以下略)

【設問】

※注意事項：解答は全て解答用紙の行内に記入すること。裏面等に記入したものは採点されません。

設問1　事例記録の中の「相談の概要」【略A】の記載に相当する、相談者がこの面談で相談したいことは何か。事例記録を手掛かりに記述せよ。（10点）

設問2　事例記録の【下線B】について、この事例を担当したキャリアコンサルタントがどのような意図で応答したと考えるかを記述せよ。（10点）

設問3　あなたが考える相談者の問題（①）とその根拠（②）について、相談者の言動を通じて、具体的に記述せよ。（20点）　2×10点
　　　　①問題
　　　　②その根拠

設問4　設問3で答えた内容を踏まえ、今後あなたがこのケースを担当するとしたら、どのような方針でキャリアコンサルティングを進めていくか記述せよ。（10点）

《解答例》

設問 1

相談者は今後安定して働いていきたいので正社員を希望。経験や資格が原因で就職活動がうまくいかないと感じ、求人も条件が合わない。内定を辞退した後悔もあり、就職先が見つからないのではと不安で仕方がないこと。

設問 2

相談者が内定を辞退した経緯、当時の正社員への希望を受容・共感的に受け止めるとともに、その後の内定を辞退したことや正社員での就職に対する気持ちを明確化しようとする意図があると考える。

設問 3

①問題

相談者は安定を求め正社員での就職を希望しているが、具体的な内容や方向性と、それらのもととなる自己理解や仕事理解が不明確なまま就職活動を行っていることから、うまくいかず、就職先が見つからないのではと不安になっていることが問題。

②その根拠

1．「事務経験しか…」、「社交的なほうでは…」等の発言から仕事を選ぶために必要な経験、興味、能力等の自己理解が不十分と考えられる。2．条件に合わない仕事への応募や求人情報の提供を受けていること等から仕事理解と情報の不足を感じる。3．「安定」や「スキルアップ」の内容が具体的でなく、キャリアビジョンの不明確さが見られる。

第3章 ● 模擬試験

設問4

1．就職に不安を抱く相談者の気持ちを受容・共感的に受け止め、信頼関係構築に努める。2．自己理解のため、ジョブ・カードを用いながら（本人同意の上）、これまでの職務経験、職業興味、能力、価値観等の明確化を促す。3．仕事理解のためjob tag等情報源を用いながら自己理解の内容を踏まえて業界・職種についての理解を深めるとともに、求人情報についてもさまざまな媒体等を活用し、幅広く情報収集を行えるよう支援する。4．2、3を踏まえ、キャリアビジョンを明確にし、その実現に向けた就職の条件整理と就職活動の方向性を検討するとともに、スキルアップの必要性や内容についても検討を促す。5．これらにより相談者が前向きな気持ちで就職活動に取り組めるよう支援する。

ワンポイントアドバイス

　過去に対する残念な想い、現在のうまくいかなさ、今後への不安…今回の問題のように、相談者がさまざまな思いを抱えている場合、それらのどこに重点を置きながら進めていくかによって、解答内容が変わってきます。

　今回の問題では、事例記録の文面からは過去のことより、今これからに関心があると読み取れます。そのため、どちらかというと今これからについての支援内容を中心に解答例を記述しています。

　一方、例えば過去のことが気になって、今のことに手がつかないような状態であれば、過去の気持ちの整理から始める必要があります。相談者の気になっていることが1つではないケースは多々あります。そのときには、まず相談者の関心がどこにあるのかを確認して、その上でそこから一歩ずつでも前に進んでいけるよう支援していくとよいと考えます。

論述模擬問題12
[40代　介護と仕事の両立の悩み]

問題　次の【事例記録】を読み、以下の設問に答えなさい。解答は解答用紙の
　　　設問ごとに記述すること。

【事例記録】
＊キャリアコンサルタントが今後の研鑽に生かすための、作成途中の事例記録

相談者情報：

Jさん、女性、45歳

略歴：短期大学卒業後、百貨店に就職

家族構成：母78歳（同居）

面接日時：2024年1月上旬　本人の希望で来談（初回面談）

相談の概要：

【略A】

相談者の話した内容
カッコ内はキャリアコンサルタントの発言

　短大卒業後、百貨店に勤務。主にアパレル販売に従事。高級ブランドの
コーナーに配属されたこともある。販売士やカラーコーディネーターの資格
を取得しながら、MDを目指した。2年前に希望が叶い、販売企画部のチー
ムリーダーとなり、異動になった。

（希望が叶い異動になられたときはどのようなお気持ちでしたか？）

　任命されたときは信じられないくらい嬉しかった。今までとはいろいろな
面で責任の度合いが違ってきてたいへんな面もあるが、もともと希望してい
た仕事でもあり、やりがいを感じて働いている。

（お仕事にはやりがいを感じて取り組まれているのですね）【下線B】

（中略）

　しかし、1年前に母親が家の中で転倒し、足を骨折したため入院した。無
事に退院はしたが、気が弱くなったのか入院前と少しずつ様子が変わってき
た。入院中はリハビリも受けて、歩けるようになったはずだが、散歩に行か
なくなり、病院の通院も付き添いをしてほしいと頼まれる。仕事中でも何か
あると頻繁に電話をかけてきては、早く帰宅するように言われるようになっ
た。昼食の準備もして出勤するが、食べていないときもある。大切な商談が
あったときに無理を言って仕事を同僚や部下に代わってもらったこともあっ
た。今まで有給を使ってやりくりしてきたが、その有給も残り少なくなって
いる。母の年齢を考えると、これからますます状態は悪化していくと思い、
さらに不安が募る。

（病院の先生は何とおっしゃっていますか？）

106

第3章 ● 模擬試験

　病院からは、骨折の状態は回復しているが、年齢的に気持ちが弱くなられているのかもしれないからしばらく様子を見るようにと言われた。しかし、今後もこの状態が続けば、業務にもかなり支障をきたすように感じる。
　一人娘で母親と二人暮らしであり、親戚関係は遠方で疎遠であるので母親の世話をするのは自分しかいない。
（職場にご家族の介護や看護をしながら働いている方はいますか？）
　今の部署では聞いたことがない。他部署にはいるかもしれないが、わからない。幼い頃に両親が離婚したため、母親は女手一つで自分を育ててきた。母親が入院するまでは好きな仕事が存分にできた。母親のお陰だと思って感謝はしている。しかし、今は自分が一家の大黒柱であり、働かないといけない。何より今の仕事にやりがいを感じており、是非続けていきたいと思っているが、この先どうしていけばよいのだろうか。

（以下略）

所感（キャリアコンサルタントの見立てと今後の方針）
・**【下線B】**を応答した意図は、（以下略）

（以下略）

【設問】

※注意事項：解答は全て解答用紙の行内に記入すること。裏面等に記入したものは採点されません。

設問1　事例記録の中の「相談の概要」**【略A】**の記載に相当する、相談者がこの面談で相談したいことは何か。事例記録を手掛かりに記述せよ。（10点）

設問2　事例記録の**【下線B】**について、この事例を担当したキャリアコンサルタントがどのような意図で応答したと考えるかを記述せよ。（10点）

設問3　あなたが考える相談者の問題（①）とその根拠（②）について、相談者の言動を通じて、具体的に記述せよ。（20点）2×10点
　　　　①問題
　　　　②その根拠

設問4　設問3で答えた内容を踏まえ、今後あなたがこのケースを担当するとしたら、どのような方針でキャリアコンサルティングを進めていくか記述せよ。（10点）

107

《解答例》

設問 1

　相談者は、入院後に母親の様子が変わってきて、今後悪化していくと思うと不安が募る。母親への感謝はあるが、働かないといけない。何より今の仕事にやりがいを感じており、是非続けていきたいが、どうしていけばよいのかわからないこと。

設問 2

　相談者がやりがいを感じ仕事に取り組んでいることを受容・共感的に受け止めるとともに、そこからさらに語りを促すことで相談者の置かれている状況、抱えている問題を明確化しようとする意図があると考える。

設問 3

①問題

　母親の介護により従前のキャリアプランが揺らいでいること、また、母親の世話を一人で抱え込み、状態が悪化すると悲観的に考えていることから、仕事を続けることに困難を感じ、この先どうしていけばよいかわからなくなっていることが問題。

②その根拠

　1.「母親が入院するまでは…」等の発言から、介護というライフイベントを前にキャリアプランの揺らぎがうかがえる。2.「これからますます…」等の発言から、状況を悲観的に捉え、冷静な判断を難しくしていると考える。3.「世話をするのは…」等の発言から、母親の世話を一人抱え込み社内外のサポートを活用できていない可能性がある。

第3章 ● 模擬試験

設問4

1．仕事の継続に不安を抱える相談者の気持ちを受容・共感的に受け止めラポールを築くとともに、気持ちを落ち着かせ冷静に考えられるよう支援する。2．仕事と母親（の介護）それぞれへの思いを傾聴し、それぞれにどのように関わっていきたいか明確化を促す。3．母親の症状について医師等から意見を仰ぎ、介護の見通しをより客観的に考えられるようサポートする。4．人事等に介護休暇等職場における支援制度の確認を促すとともに、介護サービスの利用等社会資源についても情報収集を促す。5．これらを踏まえ、今後のキャリアプランの再構築を支援する。6．相談者が今後、仕事と母の介護をどのように行っていくか主体的に意思決定できるよう支援する。

ワンポイントアドバイス

　最近の試験でもしばしば登場する仕事と介護の問題です。仕事と介護の問題というと、「両立」という言葉が浮かびがちですが、「両立」の問題であるとは限りません。相談者によっては両立したいと思っていないケース（どちらかに専念したい、どちらもしたくないなど）もあります。

　また、「両立」のあり方も1つではありません。キャリアコンサルタントが「両立の問題である」とか、「両立のあり方」を勝手に決めて面談を進めないように注意が必要です。まずは、相談者自身がそれぞれについてどうしていきたいのかを明確にしていく関わりが必要なケースです。相談者自身がどうしたいのかを明確にし、それを尊重した上で、そのために何をどうしていけばよいかを考えていく。そのような支援をしていく必要があります。

論述模擬問題13

[50代　働き方の変化への対応]

問題　次の【事例記録】を読み、以下の設問に答えなさい。解答は解答用紙の設問ごとに記述すること。

【事例記録】
＊キャリアコンサルタントが今後の研鑽に生かすための、作成途中の事例記録

相談者情報： Kさん、男性、50歳 略歴：高等専門学校卒業後、食品製造会社に就職し、30年。現在は課長 家族構成：妻46歳、長男20歳（大学2年生）、次男18歳（高校3年生）
面接日時：2024年1月中旬　本人の希望で来談（初回面談）
相談の概要： <center>【略A】</center>

相談者の話した内容
カッコ内はキャリアコンサルタントの発言

　高専卒業後、調味料の製造会社に就職し、30年。工場勤務が長く、製造一筋でやってきた。幼い頃からプラモデル作りに興味があり母親のミシンを解体したり、時計を分解したりして叱られた記憶がある。
（幼い頃から物作りに興味があり、今の仕事はご自身に合っていると感じておられますか？）
　仕事なので大変なこともちろんあるが、やりがいを感じて働けている。
　今の仕事では管理職になり生産、品質管理はもちろん、指示関係や部下の育成、マネジメント関係などを担当している。
　先日、会社がDX推進の方針を発表した。製造部門の全員に対する説明会があった。業務効率化や当社でも深刻になってきている人手不足解消につながり、技術継承に関しても、属人化している紙媒体のマニュアルをデータ化することで標準化できるなど、要はメリットが多いということが言いたいようで、AI、RPAを取り入れていくことなどが説明された。
　説明を受けたときは確かに会社にとって将来的にはよいことなのだと感じるが、大幅にシステムが変わっていくことや、導入に関してその知識を身につけないといけないことを考えると不安もあるし、複雑な気持ちになった。
<u>（DX推進の説明を受けて不安や複雑なお気持ちになられたのですね）</u>**【下線B】**

（中略）

　確かに導入したほうがよいとは思われるが、IT関係にはそんなに強いほうではないので、その流れについていけるかという不安がある。そして、それ

第3章 ● 模擬試験

以上に、今までの自分たちがやってきたやり方やマニュアルをも覆されてしまうのが、自分たちのこれまでを否定されたような気持ちがしてならない。（否定されているようなお気持ちにもなられたのですね。製造部門の方の受け止め方はいかがですか？）

　特に、パート、アルバイトのスタッフから「DXが進んでいくと、業務効率化が進んでいくことで人手不足は解消され、人員見直しの対象になるのでしょうか」と心配する声が上がっている。DX推進は決定事項であり、次年度から5年の移行期間で進められる。説明会後、同僚たちの中には転職を口にする人もいる。その様子を見ていると自分にもいろいろ迷いが生じてくる。今後の状況次第では、自分も転職を考える必要があるのだろうか。ただ、就学中の子供がおり、まだまだ教育費が必要な状態である。転職といっても今と同様の待遇は必要だし、30年間製造しか経験がないためそう簡単にはいかないとも思う。それに今まで一生懸命やってきた自負と会社に対する思いもある。どのようにこの変化を受け入れればよいのか、悩んでいる。

（以下略）

所感（キャリアコンサルタントの見立てと今後の方針）
・**【下線B】**を応答した意図は、（以下略）

（以下略）

【設問】

※注意事項：解答は全て解答用紙の行内に記入すること。裏面等に記入したものは採点されません。

設問1　事例記録の中の「相談の概要」**【略A】**の記載に相当する、相談者がこの面談で相談したいことは何か。事例記録を手掛かりに記述せよ。（10点）

設問2　事例記録の**【下線B】**について、この事例を担当したキャリアコンサルタントがどのような意図で応答したと考えるかを記述せよ。（10点）

設問3　あなたが考える相談者の問題（①）とその根拠（②）について、相談者の言動を通じて、具体的に記述せよ。（20点）　2×10点
　　　　①問題
　　　　②その根拠

設問4　設問3で答えた内容を踏まえ、今後あなたがこのケースを担当するとしたら、どのような方針でキャリアコンサルティングを進めていくか記述せよ。（10点）

113

《解答例》

設問 1

　相談者は、会社のDXの方針をよいこととは思うが、不安もあるし、これまでを否定されたような気持ちがしてならない。今後の状況次第では転職もと思うが、どのようにこの変化を受け入れていけばよいのか悩んでいること。

設問 2

　相談者の不安や複雑な気持ちを受け止め信頼関係を築くとともに、それらの気持ちについてさらに語りを促すことでDXについて相談者が抱えている思いをより明確にしようとする意図があると考える。

設問 3

①問題

　会社のDXの方針に対する否定的な思い込みと情報不足・理解不足から適切な理解ができていないこと、また周囲の影響で転職の迷いも生じていることから、どのように変化に対応すれば良いかわからなくなっていることが問題。

②その根拠

　1.「否定されたような…」等の発言から、DXを自分たちのこれまでを否定するものとの思い込みがあり、変化の受け入れを難しくしている可能性。2.「要はメリットが…」等の発言から会社のDXの方針について情報や理解の不足を感じる。3.「その様子を見ていると…」との発言から周囲の影響を受けて迷いが生じている様子がうかがえる。

114

第3章 ● 模擬試験

設問4

1．相談者の不安や複雑な気持ちを受け止め、信頼関係を築く。2．相談者の30年間の経験、仕事に対する自負や会社への思い等を傾聴し、これまでのキャリアを再認識するとともに、それに対する思いの明確化を促す。3．会社のDXについて改めて情報収集を促す。DXがもたらす会社や部門、自身への影響について理解を深め、特にDXが本当に相談者たちのこれまでを否定するものなのか改めて考えてもらう。4．転職について、周囲の影響を受けて考えていることに気づきを促し、相談者自身はどうしたいのかを確認し、今後のキャリアプランを検討する。5．これらより相談者が変化にどう対応していくのか主体的に意思決定できるよう支援する。

ワンポイントアドバイス

　世の中が急速に変化する中で、自身の働き方についても変化を迫られることで悩みが生じているケースです。取り巻く環境に変化があればその影響を受けることは避けられません。何かしらの対応を迫られることにはなるでしょう。ただ、それを受け入れるかどうかは、また別の問題です。ここでもやはり大事なのは、相談者自身がどうしたいかです。

　今回の問題でも、相談者は「受け入れたい」とは言っていません。「受け入れたい」わけではないので、（感情的な反発などからではなく、しっかりと情報収集等を行って、熟慮した上で）「受け入れない」という選択肢もあります。そのため、この解答例でも、設問3、4では「受け入れる…」という表現は使わず、「対応していく…」という表現を使っています。

論述模擬問題14

[50代　役割と影響力の低下の悩み]

問題　次の【事例記録】を読み、以下の設問に答えなさい。解答は解答用紙の
　　　設問ごとに記述すること。

【事例記録】
＊キャリアコンサルタントが今後の研鑽に生かすための、作成途中の事例記録

相談者情報：

Ｌさん、男性、55歳

略歴：四年制大学卒業後、金融機関に就職。現在は支店長

家族構成：妻52歳（パート）、長男24歳（社会人）、長女22歳（大学４年生）

面接日時：2024年12月上旬　本人の希望で来談（初回面談）

相談の概要：

【略Ａ】

相談者の話した内容
カッコ内はキャリアコンサルタントの発言

　大学卒業後、大手金融機関に入社。営業店の支店長を３支店で経験。割と順調にここまで来られたと思っている。同期入社の中でもトップではなかったが二番手くらいではあったと思っている。

（これまで大変なこともあったと思いますが、順調に支店長に昇格され経験も積まれてきたのですね）

　この10月に人事異動があった。自分と同じ二番手くらいだった同期が役員に昇格した。自分は成績の悪かったこの支店の成績を一番にしようと頑張って前向きに取り組み、何とか上位に入るところまでにはできた。しかし、そこは評価されなかったのかと正直ショックではあった。

（頑張っていたにもかかわらず、役員には昇格できなかったのですね）【下線Ｂ】

（中略）

　会社の制度では役員以外は55歳で役職定年となる。出向先に異動する人もいるが、自分は出向ではなかったためこのまま同じ支店で新しい支店長の下で働くことになる。新しい支店長は初めて支店長に昇格した５年後輩である。しかも新しい支店長は新人のころに指導した社員でもある。今までとはずいぶん違ってくると思う。役職を解かれるため、いままで部下だった社員と同格になる。権限がなくなり指示に従う側になる。なんとも複雑な気持ちである。

（今、複雑なお気持ちでいらっしゃるのですね）

第3章 ● 模擬試験

　60歳までは正社員雇用だが、その後65歳までは再雇用されるがシニア雇用となる。待遇面が大幅に違ってきて、賃金も半分程度になる。

　幸い、長男は社会人で下の子も就職が決まったので教育費の心配はなくなったからこれまでよりは支出は抑えられるとは思う。しかし、これから夫婦の老後資金が必要になるのでやはり働かないといけないとは思う。

（奥様とは今回の異動のことや今後について相談されていますか？）

　55歳で役職定年になるので収入が下がることは伝えたが、それ以外のことはあまり話していない。早期退職を申し出れば退職金が割り増しで支払われる。早期退職しての転職も検討したが、自分の年齢と金融機関の経験だけでは、なかなか厳しいと思う。この先どのように気持ちを切り替えていけばよいのか、気持ちの整理をしたい。

（以下略）

所感（キャリアコンサルタントの見立てと今後の方針）

・【下線B】を応答した意図は、（以下略）

（以下略）

【設問】

※注意事項：解答は全て解答用紙の行内に記入すること。裏面等に記入したものは採点されません。

設問1　事例記録の中の「相談の概要」【略A】の記載に相当する、相談者がこの面談で相談したいことは何か。事例記録を手掛かりに記述せよ。（10点）

設問2　事例記録の【下線B】について、この事例を担当したキャリアコンサルタントがどのような意図で応答したと考えるかを記述せよ。（10点）

設問3　あなたが考える相談者の問題（①）とその根拠（②）について、相談者の言動を通じて、具体的に記述せよ。（20点）　2×10点
　　　　①問題
　　　　②その根拠

設問4　設問3で答えた内容を踏まえ、今後あなたがこのケースを担当するとしたら、どのような方針でキャリアコンサルティングを進めていくか記述せよ。（10点）

《解答例》

設問1

　相談者は頑張っていたが役員に昇格できなかった。同じ支店で役職定年となり、何とも複雑な気持ち。60歳以降も働かないといけないとは思うが、この先どのように気持ちを切り替えていけばよいのか、気持ちの整理がしたいこと。

設問2

　相談者の頑張りとそれにもかかわらず昇格できなかった気持ちを受け止めるとともに、昇格できなかったことにより相談者の置かれている状況や抱えている問題を明確にしようとする意図があると考える。

設問3

①問題

　役職定年や定年を見据え現状に即したキャリアプランの構築ができておらず、また今後のライフプラン・マネープランを明確化できていないことから、役職定年による環境変化を前に気持ちの整理、切り替えができないでいることが問題。

②その根拠

　1. 役員に昇格できなかったことや定年後が視野に入ってきたことなどから、キャリアプランを再構築する必要性がうかがえる。2.「今までとはずいぶん…」等の発言から、会社からの期待や役割についての仕事理解の不足の可能性がある。3.「…あまり話していない」等の発言から、老後のライフプラン、マネープランについて妻と十分に検討・明確化できていないと感じられる。

第3章 ● 模擬試験

設問4

　1．気持ちを整理し、切り替えたい相談者の気持ちを受容・共感的に受け止めラポールを築く。2．相談者のこれまでの頑張りを労いながら、キャリアの棚卸しを行い、経験や能力、働く上での価値観などを再確認する。3．仕事理解のため、人事等に自身への期待や役割について確認を促す。必要に応じて転職等の選択肢についても情報収集を促す。4．妻ともコミュニケーションを取り、老後のライフプランやマネープランを明確化するよう促す。5．これらから役職定年のみならず定年後も見据えた相談者にとって納得感のあるキャリアプランを構築できるようサポートすることで、相談者が気持ちを整理し、切り替えて今後のキャリアを歩んでいけるよう支援する。

ワンポイントアドバイス

　昇格ができず、役職定年、そして、定年後を見据えた悩みについての問題です。面接試験であれば、今抱えている気持ちについて存分に語っていただく中で見えてくるものもあるかと思いますが、論述試験ではすでに事例記録にある情報をもとに解答を作成していく必要があります。

　まず、相談者の置かれている状況からも今後のキャリアについて考えていく必要はあると考えます。ただ、事例記録からは、相談者が自身のキャリアをどうしようと思っていたのか、どうしたいのかがはっきりしません。そのため、解答例としては、自己理解や仕事理解等を踏まえ「納得できるキャリアプラン」を構築するという形で、こちらで相談者の方向性を制限せず、選択の余地を残すような表現にしています。

論述模擬問題15
[50代　定年後の働き方の迷い]

問題　次の【事例記録】を読み、以下の設問に答えなさい。解答は解答用紙の設問ごとに記述すること。

【事例記録】

＊キャリアコンサルタントが今後の研鑽に生かすための、作成途中の事例記録

相談者情報：

Mさん、男性、59歳

略歴：四年制大学卒業後、アパレル会社に就職し、36年。現在は営業部長

家族構成：妻55歳（パート）、長女23歳（社会人1年目）、次女20歳（短大2年生）

面接日時：2024年1月上旬　本人の希望で来談（初回面談）

相談の概要：

【略A】

相談者の話した内容

カッコ内はキャリアコンサルタントの発言

　大学卒業後、アパレル会社に入社。主に営業に従事し、現在営業部長。会社の規定では60歳定年、嘱託雇用で65歳までは勤務可能である。先日、人事から60歳以降の働き方について確認の話があった。そのときはまだ考えがまとまっていなかったこともあり、後日改めて話すことを伝えた。

（そのときはまだ今後について検討中だったのでしょうか）

　大学卒業後、この業界に入り36年目になる。いろんなことがあった。ファストファッションが注目される中、主に百貨店を取引先としていることで、売上げにつなげるために懸命に働いてきた。子供の行事や父の日、運動会なども仕事で参加できず子育てや家事はほとんど妻任せで、仕事だけで今まで来た。

（そのくらい仕事に没頭されてきたということでしょうか？）

　会社から60歳以降の働き方について話があったことを妻に伝えたところ、妻から「実は昔からの夢だった喫茶店をやってみたい」と言われた。確かに妻は料理が得意ではあるが喫茶店の経営ノウハウなどはまったく知らないだろうし、開業、自営となると開業資金、運転資金も必要になる。そのことを伝えたら、だから一緒にやってほしいと言われた。

<u>（そのようなお話を聞き、どのようにお感じになりましたか？）</u>**【下線B】**

（中略）

第3章 ● 模擬試験

妻の話を聞き、正直驚いた。実際今、妻は近所の喫茶店で働いている。人生100年時代ともいわれており、これからは定年を気にせず、元気な間はずっとどのような仕事であれ働けるほうがよいとも思う。確かに、営業部長とはいえ、今までずっと雇用という形で働いてきた。定年後は、妻の言うように喫茶店をやって自分の裁量で働いていくこともよいなとは思う。だが、住宅ローンも残っており退職金で清算する予定だった。開業するとなると、新しいローンを組まないといけなくなるが、退職すればローンの申請が通りにくくなるようにも思う。

今まで苦労をかけた分、妻の希望を叶えてやりたいとは思うが、素人考えでうまくいくかどうかわからない。ローンも増えるのに、果たしてうまくいくかどうかわからないことへの投資は、正直考えてしまう。会社とも、1か月後に人事との面談で話すことになっており、どう考えていけばよいかわからない。

（以下略）

所感（キャリアコンサルタントの見立てと今後の方針）
・【下線B】を応答した意図は、（以下略）

（以下略）

【設問】

※注意事項：解答は全て解答用紙の行内に記入すること。裏面等に記入したものは採点されません。

設問1　事例記録の中の「相談の概要」【略A】の記載に相当する、相談者がこの面談で相談したいことは何か。事例記録を手掛かりに記述せよ。（10点）

設問2　事例記録の【下線B】について、この事例を担当したキャリアコンサルタントがどのような意図で応答したと考えるかを記述せよ。（10点）

設問3　あなたが考える相談者の問題（①）とその根拠（②）について、相談者の言動を通じて、具体的に記述せよ。（20点）2×10点
　　　　①問題
　　　　②その根拠

設問4　設問3で答えた内容を踏まえ、今後あなたがこのケースを担当するとしたら、どのような方針でキャリアコンサルティングを進めていくか記述せよ。（10点）

125

《解答例》

設問 1

　相談者は妻から定年後一緒に喫茶店をやってほしいと言われた。希望を叶えてやりたいとは思うが、うまくいくかわからないことへの投資は正直考えてしまう。1か月後の人事との面談を前にどう考えていけば良いかわからないこと。

設問 2

　相談者が妻の提案をどのように受け止めているのか、また、相談者自身は喫茶店をやることをどのように考えているのかを引き出し、相談者の希望と懸念を明確化する意図があると考える。

設問 3

①問題

　自分自身のキャリアプランが不明確であること、また、喫茶店経営やマネープランについても具体的な検討が不十分であることから、妻の希望を叶えたい気持ちはあるが、どう考えていけばよいかわからなくなっていることが問題。

②その根拠

　1.「そのときはまだ考えが…」等の発言から、相談者自身の定年後のキャリアプランが不明確だと感じられる。2.「素人考えで…」等の発言から、喫茶店経営にあたってのノウハウが不足、ビジネスプランの検討もできていない様子。3.「だが住宅ローンも…」等の発言から、開業資金や老後資金などマネープランの検討が不十分だと考えられる。

第3章 ● 模擬試験

設問4

1．人事との面談を前にどのように考えていけばよいか悩む相談者の気持ちに寄り添い、ラポールを築く。2．相談者のこれまでのキャリアや将来の希望、妻に対する思いなどを傾聴し、定年後どのような生き方、働き方をしたいのかの明確化を促す。3．妻とともに喫茶店経営の具体的なビジネスプランを立ててみることを提案する。経営ノウハウの不足等経営に伴う懸念点の検討も行い、実現可能性を探る。必要に応じて嘱託雇用等の喫茶店以外の選択肢についても情報収集を促す。4．開業資金や老後資金などについても妻とともに確認し、マネープランを検討してもらう。5．これらから相談者が定年後のキャリアプランを描き、それをもとに1か月後の人事との面談に臨めるよう支援する。

ワンポイントアドバイス

定年後の働き方についての問題です。今回のケースでは、妻からの喫茶店の話について、相談者自身がやりたいのかどうかがはっきりしません。【下線B】でも問いかけていますが、「…よいとも思う」「妻の希望を叶えてやりたいとは思う」などと、含みのある表現です。懸念されている金銭面や経営的な問題があってもなくても、手放しで「やりたい」かどうかはわかりません。ただ、金銭や経営の話は繰り返し出てきているので、気にはなっているのでしょう。

そのため、解答例（設問4）でもそれらについて言及しましたが、どこまで踏み込むのかは悩ましいところです。やはりあまり喫茶店に縛られすぎず、相談者自身がどうしたいのかを中心に支援を進めていくことが必要だと考えます。

ここまでの模擬問題15問、お疲れさまでした。さまざまな問題に触れることで、論述問題にも少しずつ慣れてきたのではないでしょうか。

　これらの問題については一度解いて終わりではなく、模擬問題に取り組む→解答例と比較する→よりよい解答を検討する→模擬問題に再度取り組む…というように繰り返し取り組んでみていただきたいです。
　特に、解答例との比較においては、解答例とどこが同じでどこが違うのか、だけではなく、どうして同じなのか／違うのかということも考えてみてください。そして、参考になる考え方や書き方があればぜひ取り入れてみてください。
　上記のサイクルを繰り返すことで、論述試験の考え方が身につくと同時に、解答を作成する能力も高まると思います。

　なお、筆者が主宰するキャリコンシーオーのホームページでは、論述試験の解答例を公開しています。もしよろしければご覧いただき、本書と合わせて試験勉強にお役立ていただければ幸いです。

　◆キャリコンシーオー
　　https://caricon.co/category/ronzyutukaitourei/

　これらによって皆様が論述試験に向けて力をつけ、本番でその力を十分に発揮できることを願っております。

〔著者略歴〕

津田 裕子 （つだ ひろこ）　2級キャリアコンサルティング技能士（国家資格）

キャリコンシーオー　主宰／株式会社リバース　取締役

大阪府出身。大学卒業後は一般企業にて一般事務や経理、総務、人事を経て、採用担当として面接官を経験。その後、職業訓練校での講師経験を機に2014年からキャリアコンサルティング分野への造詣を深める。

現在はキャリアコンサルタント事業を展開する「キャリコンシーオー」にて合格講座を運営。学生への就職サポート、企業内や企業外のキャリアコンサルティングなども行い、これまでに1万件を超える相談実績がある。また、厚生労働大臣認定のキャリアコンサルタント養成講習、厚生労働大臣指定の更新講習も開講、運営している。

〔執筆協力〕

奥田 裕子 （おくだ ひろこ）　1級キャリアコンサルティング技能士（国家資格）

人事・組織開発のコンサルタントとして数多くの企業の従業員の方たちとかかわる中で、個々人へのキャリア形成支援の必要性を強く実感し、キャリアコンサルティングの世界に関心を寄せるようになる。その後、主に公共の就労支援機関や需給調整機関、職業訓練学校でのキャリアコンサルティングやセミナー講師業務などに従事するとともに、一般のビジネスパーソンに向けたキャリアコンサルティングやコーチングを行う。また、近年ではキャリアコンサルタントの有資格者や資格取得を目指す方たちへのスキルアップや資格取得の支援にも積極的に取り組んでいる。

［協議会試験版］
国家資格キャリアコンサルタント　　　令和 6 年12月20日　初版発行
論述試験にサクッと合格する本　　　　令和 7 年 4 月 1 日　初版 2 刷

検印省略

著　者　津　田　裕　子
発行者　青　木　鉱　太
編集者　岩　倉　春　光
印刷所　シナノ書籍印刷
製本所　国　宝　社

〒 101−0032
東京都千代田区岩本町 1 丁目 2 番 19 号
https://www.horei.co.jp/

（営　業）　TEL 03-6858-6967　　E メール　syuppan@horei.co.jp
（通　販）　TEL 03-6858-6966　　E メール　book.order@horei.co.jp
（編　集）　FAX 03-6858-6957　　E メール　tankoubon@horei.co.jp

（オンラインショップ）　https://www.horei.co.jp/iec/
（お詫びと訂正）　https://www.horei.co.jp/book/owabi.shtml
（書籍の追加情報）　https://www.horei.co.jp/book/osirasebook.shtml

※万一、本書の内容に誤記等が判明した場合には、上記「お詫びと訂正」に最新情報を掲載しております。ホームページに掲載されていない内容につきましては、FAX または E メールで編集までお問合せください。

・乱丁、落丁本は直接弊社出版部へお送りくださればお取替えいたします。
・ JCOPY 〈出版者著作権管理機構　委託出版物〉
　本書の無断複製は著作権法上での例外を除き禁じられています。複製される場合は、そのつど事前に、出版者著作権管理機構（電話 03-5244-5088、FAX03-5244-5089、e-mail：info@jcopy.or.jp）の許諾を得てください。また、本書を代行業者等の第三者に依頼してスキャンやデジタル化することは、たとえ個人や家庭内での利用であっても一切認められておりません。

©H. Tsuda 2024. Printed in JAPAN
ISBN 978-4-539-73071-3

関連書籍のご案内

キャリアコンサルタント実技試験（論述・面接）にサクッと合格する本

- ●2団体［キャリアコンサルティング協議会・日本キャリア開発協会］の試験に対応！
- ●実技試験（論述・面接）合格のポイントがサクッとわかる！

津田 裕子 著

A5判　312頁　定価2,750円（税込）

キャリアコンサルタント学科試験にサクッと合格する本

楽して合格するためのコツと学習のポイントを1冊にギュッと濃縮！
- ●項目ごとの1問1答で理解度をすぐに確認！
- ●本試験と同じ50問の模擬問題で力試し！

津田裕子 著

仲村 賢・奥田裕子 執筆協力

A5判　360頁　定価2,750円（税込）

お求めは、弊社通信販売係またはお近くの大型書店、Web書店へ。
TEL：03-6858-6966　FAX：03-6858-6968　e-mail：book.order@horei.co.jp

関連書籍のご案内

2級キャリアコンサルティング技能士実技試験（論述・面接）にサクッと合格する本

合格のカギは「実技試験」にアリ！

津田裕子 著

奥田裕子 執筆協力

A5判　304ページ　定価3,190円（税込）

2級キャリアコンサルティング技能士学科試験にサクッと合格する本

基礎知識⇒2級合格レベルに引き上げるためのコツ！

津田裕子 著

奥田裕子 執筆協力

A5判　248ページ　定価2,860円（税込）

お求めは、弊社通信販売係またはお近くの大型書店、Web書店へ。
TEL：03-6858-6966　FAX：03-6858-6968　e-mail：book.order@horei.co.jp